Meine kleinen
Backgeheimnisse

einfach gut leben

Meine kleinen Backgeheimnisse

Süße Ideen für jede Gelegenheit

Thomas Heinrich

Dort-Hagenhausen-Verlag

Inhalt

Backen: Aus Gutem Besseres machen

Backen – das ist Freude am Genuss, das ist Entspannung und Kreativität, das ist Freude empfinden und sie mit anderen teilen. Aus diesen Gründen bin ich Konditor geworden – und aus diesen Gründen möchte ich einiges von meinem Wissen und meinen Rezepten mit Ihnen teilen. Was Backen NICHT ist: zu kompliziert, riskant und unwägbar. Und zwar dann nicht, wenn Sie entspannt an die Sache herangehen und wenn Sie ein paar Grundlagen und die Zubereitungsvorschläge in den Rezepten beachten.

Kuchen und Gebäck sind ein Kulturgut. Seit der Antike bereiten die Menschen Kuchen zu, mit Honig und mit Früchten gesüßt, und die Freude daran, Süßes köstlicher zu machen, hat bis heute nicht nachgelassen. Ich werde Ihnen Kuchen und Gebäck vorstellen, die ich in meinem eigenen Café für meine Gäste zubereite, und auch welche, die man schon deswegen gern mag, weil man sie noch aus der Kindheit kennt.

Backen ist etwas Wunderbares. Backen ist, Gutes zu nehmen und Besseres daraus zu machen. Und auf diesem Weg möchte ich Ihnen zur Seite stehen. Damit das Gute zum Besten wird …

… und schließlich noch eine Danksagung:

Viele Menschen haben direkt oder indirekt an diesem Buch mitgewirkt, denen ich dafür danken möchte. Zu allererst meinen vielen Freunden und Kunden, die mir durch liebevolle und freundlich-kritische Rückmeldung ein Gefühl gegeben haben, wie meine Kuchen, Torten und Desserts ankommen, und die mich auch zu Änderungen angeregt haben.

Und natürlich einen Dank an die Fotografin Bethel Fath und die Künstlerin und Stylistin Naomi Lawrence, die den hier vorgestellten Produkten ein Gesicht gegeben haben. Und alle hier fotografierten Produkte sind „ehrlich", also wie beschrieben zubereitet worden und nach dem Fotografieren verzehrt. Mit großer Lust …! Bedanken möchte ich mich auch bei Dr. Margit Roth, die das Buch von der ersten Idee an tatkräftig begleitet hat.

Und den größten Dank möchte ich meinem Team von meinem Café, dem Café Schuntner in München, und hier insbesondere meinen Mit-Konditorinnen Elisabeth Paula und Sabrina Kretzschmar machen, die mir den Rücken freigehalten haben und mich tatkräftig und kreativ auch durch eigene Anregungen unterstützt haben. Von ganzem Herzen danke ich Christopher Knoll, der mit großer Hingabe aus meinen vielen Rezeptnotizen nachbackbare Rezepte gemacht hat.

Und natürlich danke ich Ihnen, dass Sie mich gemeinsam mit sich backen lassen! Und ich verspreche Ihnen, meine kleinen Backgeheimnisse zu lüften, damit der gemeinsame Weg leicht und lecker wird! Also: Pack ma's an … ;-)

Ihr Thomas Heinrich

Grundlagen

Allgemeines

Beim Backen sind einige Grundregeln zu beachten, damit die Arbeit leicht von der Hand geht und das Ergebnis so wird, wie Sie sich das wünschen.

Genau die Rezepte befolgen: Sie müssen sich nicht sklavisch daran halten, ein paar Gramm hin oder her sind immer als Spielraum drin, aber im Großen und Ganzen geben die Rezepte schon den Fahrplan wider, der zum erfolgreichen Ergebnis führen wird.

Zutaten zur Hand haben: Das, was in der Großküche „mise en place" heißt, also grob übersetzt „Alles an seinem Platz" und die Vorbereitung der Kochschicht mit den benötigten Utensilien und Zutaten bedeutet, das ist auch in der privaten Backstube hilfreich. Stellen Sie sich alles in der benötigten Menge bereit – dann werden Sie auch keine Zutat vergessen.

Ruhig arbeiten: Backen ist keine Akkordarbeit. Bereiten Sie alles in Ruhe zu, geben Sie Flüssigkeiten allmählich zum Teig, mischen Sie Zutaten ruhig und vorsichtig miteinander – nach und nach. Backen soll Entspannung sein – und Freude auf das Ergebnis.

Zutaten haben in der Regel Zimmertemperatur: So weit es nicht anders angegeben ist, ist es für das Gelingen eines Teiges am besten, wenn alle Zutaten die gleiche Temperatur haben.

Jeder Ofen ist anders: Gerne hätte ich exakt die Temperatur und Zeit angegeben, die Sie zum Backen benötigen. Aber da jeder Ofen etwas anders heizt und die Temperaturangaben oft nur ungefähre Werte sind, möchte ich Ihnen raten, unabhängig von meinen Angaben selbstbewusst zu entscheiden, wann Ihr Kuchen fertig ist. Die Holzstäbchen-Methode (siehe Seite 16) wird Ihnen hierbei gute Dienste erweisen. Bei vielen Rezepten habe ich zusätzlich angegeben, dass der Kuchen oder das Gebäck dann fertig ist, wenn eine bestimmte Farbe erreicht ist. Auch wenn es Unterschiede gibt, besonders weit auseinander werden meine Angaben und Ihr Ofen wahrscheinlich nicht sein …

Die Basis — Grundrezepte

Mürbteig

Für ca. 600 g
300 g Mehl
200 g Butter
100 g feiner Zucker
oder Puderzucker
1 Ei (oder 2 Eigelb)
2 EL Vanillezucker
1 Msp. Zitronenabrieb
1 Prise Salz

Für ca. 500 g
250 g Mehl
165 g Butter
80 g feiner Zucker
oder Puderzucker
1 Ei (oder 2 Eigelb)
2 EL Vanillezucker
1 Msp. Zitronenabrieb
1 Prise Salz

Für ca. 300 g
150 g Mehl
100 g Butter
50 g feiner Zucker
oder Puderzucker
1 Eigelb
1 EL Vanillezucker
1 Msp. Zitronenabrieb
1 Prise Salz

In vielen meiner Rezepte verwende ich Mürbteig. Er ist der wichtigste Basisteig, den Sie auch auf Vorrat zubereiten und in Kugelform ein paar Tage im Kühlschrank aufbewahren oder im Tiefkühler einfrieren können.

Der Mürbteig ist ein fettreicher Teig, der in Regel ohne Lockerungsmittel auskommt und bevorzugt für flache Kuchen oder Tortenböden sowie für Kekse und Gebäck verwendet wird. Man kann Mürbteig süß oder salzig zubereiten – wir benötigen für die hier vorgestellten Rezepte allerdings nur die süße Variante.

Die Faustregel für den Mürbteig ist einfach: 1 – 2 – 3
Also 1 Teil Zucker, 2 Teile Butter, 3 Teile Mehl. Je mehr Zucker der Teig enthält, desto knuspriger wird er.

Die Zubereitung ist einfach:

◾ Das Mehl auf die Arbeitsfläche sieben und in die Mitte des Mehlbergs eine Vertiefung drücken.

◾ Die Butter klein schneiden und mit dem Zucker, dem Ei, dem Vanillezucker, dem Zitronenabrieb und dem Salz in die Vertiefung geben.

◾ Die Zutaten gut miteinander verkneten, bis keine Butterstücke mehr zu sehen sind und ein glatter Teig entstanden ist.

◾ Mürbteig braucht eine Ruhephase, daher nach dem Kneten den Teig zu einer Kugel formen, in Frischhaltefolie wickeln und in den Kühlschrank oder an einen anderen kühlen Ort legen. Der Teig sollte mindestens 1 Stunde ruhen.

◾ Nach der Ruhezeit wird der Mürbteig ausgerollt und weiter verarbeitet.

Mandelmürbteig
80 g geschälte, gemahlene Mandeln
200 g Mehl
150 g Butter
75 g Zucker
1 Eigelb
Abrieb 1 unbehandelten Zitrone

Schokomürbteig
130 g Mehl
20 g Kakaopulver
100 g Butter
50 g feiner Zucker
oder Puderzucker
1 Eigelb
1 EL Vanillezucker
1 Prise Salz

Tipps für die Verarbeitung des Mürbteigs

Die Arbeitsfläche zum Ausrollen des Teiges dünn bemehlen und den Teig mit einem Rundholz ausrollen. Den Teig kann man am besten mit einer Palette oder einem langen Messer von der Arbeitsfläche lösen. Man kann den Mürbteig auch zwischen zwei Lagen Frischhaltefolie ausrollen, dann bleibt er nicht am Rundholz kleben und löst sich leicht von der Arbeitsfläche.

Mürbteig mag bei der Bearbeitung keine Wärme – daher nicht zu lange bearbeiten, da er sonst die Bindung verlieren kann.

Wird der Mürbteig doch einmal zu weich, kein Mehl hinzugeben, sondern lieber noch einmal zur Kugel formen, in Folie wickeln und im Kühlschrank durchkühlen.

Vorbacken des Mürbteigs: In einigen Rezepten ist es angeraten, den Mürbteig im Ofen vorzubacken, damit er schön durch wird und auch trotz feuchter Auflage knusprig bleibt.

Hefeteig

Für 500 g
21–25 g Hefe (halber Würfel)
1 TL Zucker
80–100 ml Milch

300 g Mehl
30 g Butter
40 g Zucker
1 Ei
1 Eigelb
1 EL Vanillezucker
1 Msp. Zitronenabrieb
5 ml Rum
1 Prise Salz

Hefeteig hat einen gewissen Ruf: Er sei schwierig zu machen, heißt es, und sein Gelingen Glückssache. Ich sehe das nicht so. Der Hefeteig braucht lediglich ein wenig Zeit und Liebe. Wenn man ihm beides gibt, dann wird er es Ihnen danken – und alle, die davon essen dürfen, auch …

Wichtig beim Hefeteig ist es, dem Teig immer wieder genügend Zeit zum Aufgehen zu geben und die Temperaturen der Zutaten einzuhalten. Der Hefeteig dankt es Ihnen durch seinen Variantenreichtum: Sie können ihn backen, frittieren, ins Waffeleisen oder in die Pfanne geben. Und Sie können ihn als Zopf, Stollen, Datschi, Brioche, Savarin etc. zubereiten.

Für die meisten Hefeteige wird Weizenmehl Typ 405 oder 550 verwendet. Das Mehl sollte kleberreich sein und eventuell gesiebt werden. Fast alle anderen Mehlsorten lassen sich auch mit Hefe backen, lediglich für Teige mit sehr hohem Roggenanteil reicht Hefe allein nicht aus.
Als Triebmittel wird für Hefeteig natürlich Hefe benutzt. Die Lockerung des Teiges wird durch die Gärung der Hefe erreicht. Hierbei entsteht gasförmiges Kohlendioxyd und schnell verdunstender Alkohol, die gemeinsam den Teig lockern und im Teig kleine Luftkammern bilden. Bei Temperaturen von 25 bis 35 °C vermehrt sich Hefe am schnellsten, niedrigere Temperaturen hemmen die Hefe, höhere schädigen sie, bis sie bei Temperaturen von

über 60 °C abstirbt. Je trockener der Teig ist, desto länger muss er gehen.

Hefe ist frisch und als Trockenhefe erhältlich. Meine Rezepte können Sie mit beiden Sorten machen. Trockenhefe ist gut haltbar und funktioniert ohne Vorteig, dafür ist frische Hefe im Geschmack etwas intensiver und der Teig wird lockerer. 1 Päckchen Trockenhefe (7g) ist zu verwenden wie ein halber Würfel frische Hefe (21 g) – das Gewichtsverhältnis ist demnach trocken:frisch 1:3.

Für den Hefeteig am besten einen Vorteig zubereiten. Dafür die zerbröckelte Hefe und 1 TL Zucker mit der Milch vermischen. Wesentlich ist es, dass alle Zutaten lauwarm sind.

▧ Den Vorteig zugedeckt 15 bis 20 Minuten an einer warmen Stelle bei 25 bis maximal 35 °C gehen lassen.

▧ Das Mehl, die Butter, den Zucker, den Vanillezucker, die Eier, den Zitronenabrieb, den Rum und das Salz zum Vorteig geben und gut vermischen.

▧ Den Teig gut kneten bzw. schlagen. Zugedeckt 15 bis 20 Minuten an einem warmen Ort gehen lassen.

▧ Dann den Teig in die erwünschte Form bringen und wiederum 15 bis 20 Minuten zugedeckt gehen lassen. Im Ofen bei 160 bis 180 °C ohne Luftzufuhr backen. Die Backzeit richtet sich nach dem Belag und steht beim jeweiligen Rezept.

Streusel

Bei vielen gebackenen Obstkuchen bereitet man eine Streuselschicht zu, um eine zusätzliche knusprige Geschmackskomponente zu erhalten. Kuchen wie z.B. Obsttartes oder Obstdatschi können Sie nach Belieben mit Streuseln versehen, auch wenn das so nicht explizit im Rezept steht.

Das Grundrezept für Streusel ist leicht zu merken: 1 – 1 – 2
Das bedeutet: 1 Teil Butter, 1 Teil Zucker und 2 Teile Mehl werden miteinander bröselig verknetet. Diese Streusel einfach über den Kuchen geben und nach Angabe im Ofen backen.

100 g Butter
100 g Zucker
200 g Mehl

Falls Sie die Streusel gerne etwas knuspriger hätten, müssen Sie das Verhältnis etwas zu Gunsten von Butter und Zucker verschieben, also z.B. 100 g Butter, 100 g Zucker, 150 g Mehl.

Marzipan- oder Nussstreusel

Besonders lecker schmeckt es, wenn man die Streusel mit Marzi-pan oder mit gemahlenen Nüssen verfeinert.

Bei Nussstreusel und besonders bei den Marzipanstreuseln ist darauf zu achten, dass sie beim Backen nicht zu braun werden. Sollte das geschehen und die Backzeit Ihres Kuchens noch nicht vorbei sein, legen Sie etwas Alufolie oder Backpapier über die Oberseite des Kuchens.

Biskuitmasse

Kurz zur Unterscheidung von „Teig" und „Masse": Ein „Teig" wird geknetet, eine Masse wird gerührt. Daher ist Biskuit kein Teig im engeren Sinne, obwohl Sie natürlich oft die Bezeichnung „Bis-kuitteig" finden werden.

Das Typische am Biskuit ist der hohe Anteil an Eiern und das oft völlige Fehlen von Fett. Die Lockerheit erreicht der Teig durch die Luft, die beim Aufschlagen unter die Masse gerührt wird. Daher soll der Biskuit auch nach Zubereitung der Masse sofort geba-cken werden, da ansonsten die Luftbläschen in der Masse wieder zusammenfallen können. Der fertige Biskuit ist eine delikate An-gelegenheit: Im Umgang mit Biskuit bitte sehr vorsichtig sein, da er recht zerbrechlich ist.

▪ In einer Metallschüssel die Eier, den Zucker, den Vanillezucker, die Prise Salz und den Zitronenabrieb mit einem Schneebesen im heißen Wasserbad aufschlagen, bis die Masse leicht warm ist (40 °C). Dann mit dem Schneebesen des Handmixers die Eimasse kalt schlagen, bis sie schaumig und dickcremig ist.

▪ Das gesiebte und mit der Speisestärke vermischte Mehl vor-sichtig mit einem Kochlöffel unter die Eimasse heben – nicht mit dem Schneebesen, da Sie sonst die Luftblasen, die der Teig für sein Volumen braucht, zerstören könnten.

▪ Die Masse in die gefettete und leicht bemehlte oder mit einem Backpapier ausgelegte Form geben, die Oberfläche glatt strei-chen, und im vorgeheizten Backofen bei 180 °C etwa 40 Minuten ohne Luftzufuhr backen.

Schokoladenbiskuit

Für 1 Tortenboden
8 Eier
250 g Zucker
1 EL Vanillezucker
1 Prise Salz
150 g Mehl
50 g Speisestärke
50 g Kakaopulver
30 g zerlassene
Butter

■ In einer Metallschüssel die Eier, den Zucker, den Vanillezucker und die Prise Salz mit einem Schneebesen im heißen Wasserbad aufschlagen, bis die Masse leicht warm ist (40 °C). Dann mit dem Schneebesen des Handmixers die Eimasse kalt schlagen, bis sie schaumig und dickcremig ist.

■ Das gesiebte und mit der Speisestärke und dem Kakaopulver vermischte Mehl vorsichtig mit einem Kochlöffel unter die Eimasse heben. Zuletzt die warme Butter langsam unterziehen.

■ Die Masse in die gefettete und leicht bemehlte oder mit einem Backpapier ausgelegte Form geben, die Oberfläche glatt streichen, und im vorgeheizten Backofen bei 180 °C etwa 40 Minuten ohne Luftzufuhr backen.

Einen hohen in einzelne Tortenböden schneiden
Wenn Sie den Teig durchschneiden möchten, sollten Sie ihn am Vortag zubereiten, da er sonst er sehr weich und zerbrechlich ist.

Es gibt zwei klassische Arten, den Biskuit zu zerschneiden, um einzelne Tortenböden zu erhalten:

■ Mit einem Tortenmesser, das wie ein flacher Tortenheber mit einer gezahnten Schneideseite aussieht, oder mit einem gezackten Brotmesser. Mit dem Messer immer möglichst gerade und auf gleicher Höhe rundherum schneiden, sodass das Messer in den Teig einschneidet. Die Spitze des Messers bis zur Mitte des Teigbodens einführen und rundherum mit sägenden Bewegungen schneiden.

■ Die zweite Variante ist die Bindfadenmethode: Sie ist erstaunlich leicht und zuverlässig. Auf der gewünschten Höhe rundherum einen gerade Einschnitt von 1 bis 2 cm Tiefe machen. Einen Bindfaden um den Kuchen herum in den Einschnitt legen, den Faden kreuzen und gleichmäßig anziehen, sodass der Bindfaden durch den Tortenboden glatt durchschneidet.

■ Die Teigböden vorsichtig herunterheben, am besten mit einer Kuchenpalette. Sollten Sie keine griffbereit haben, dann können Sie den Tortenboden beispielsweise auch auf ein Schneidebrett schieben, das Sie auf gleicher Höhe neben den Tortenboden halten. Den Teig mit den Händen hochzuheben birgt immer die Gefahr, dass der doch recht zarte Boden zerbricht.

Natürlich kann man auch mit einer kleineren Springform Tortenböden in halber Größe herstellen. Dafür die angegebene Zutatenmenge halbieren.

Tipp
Sie können Biskuitböden, die sie nicht sofort verwenden möchten, auch sehr gut einfrieren. Dazu den Biskuit einfach gut in Folie einpacken. Vor dem Verwenden den Biskuit einige Stunden vor dem Zubereiten aus der Tiefkühlung nehmen und im Kühlschrank langsam auftauen lassen!

Wissenswertes

Schaumig rühren, cremig rühren

Die Ausdrücke „schaumig" und „cremig rühren" sind in Backrezepten sehr gebräuchlich, bedeuten jedoch nicht das gleiche.

■ Die Zubereitung vieler Teige beginnt damit, Ei und Zucker „schaumig" zu rühren. Hierbei sollte man sich ausreichend Zeit nehmen. Am besten beginnt man damit, die Eigelbe oder Volleier in eine größere Schüssel zu geben. Ziel des Aufschlagens ist es, Luft unter die Masse zu bringen und das Volumen der Masse erheblich zu vergrößern. Fangen Sie nun an, mit dem Schneebesen eines Handmixers die Eigelbe zu schlagen, bis sie etwas heller werden und anfangen, Bindung zu bekommen. Dann lassen Sie nach und nach langsam den Zucker einrieseln. Schlagen Sie dabei auf höchster Stufe. Fertig ist die Masse, wenn sich Eigelb und Zucker zu einer hellen, sehr feinporigen und volumenreichen Masse verbunden haben. Der Vorgang dauert in der Regel zwischen 7 und 10 Minuten.

■ „Cremig rühren" ist weniger zeitaufwendig. Wichtig ist hierbei, dass alle Zutaten dieselbe Temperatur, am besten Zimmertemperatur, haben. Die verschiedenen Zutaten müssen homogen miteinander vermischt werden. Die Masse erhält, wenn sie cremig gerührt ist, auch eine gewisse Bindung, jedoch nicht das Volumen und die Schaumigkeit, die sie beim schaumig rühren hat.

Wann ist der Teig fertig gebacken?

Nicht jeder Ofen hat bei der gleich eingestellten Temperatur auch wirklich die gleiche Hitze im Rohr. Daher sind Temperatur und Zeitangaben immer relativ. Ob ein Teig fertig ist, kann man mit einem so alten wie guten Haushaltstipp prüfen. Stechen Sie mit einem Holzstäbchen, z.B. einem Zahnstocher, in den Teig und ziehen Sie es wieder heraus. Haften am Stäbchen nach dem Herausziehen noch Teigreste, braucht der Kuchen noch ein paar Minuten im Backofen. Wiederholen Sie dies im Abstand von 2 bis 5 Minuten. Sollte der Kuchen langsam zu braun werden und immer noch Teig am Stäbchen kleben, decken Sie die Oberfläche des Kuchens mit Alufolie oder Backpapier ab.

Selbstgemachter Vanillezucker

Vanillezucker ist das wohl am häufigsten verwendete Gewürz in der Backstube. Die im Handel erhältlichen Päckchen mit Vanillezucker sind genau genommen meistens „Vanillin"-Zucker, das

heißt, Raffinade-Zucker mit künstlichem Vanillin-Aroma. Ich empfehle Ihnen daher, den Vanillezucker einfach selbst zu machen.

■ Dazu braucht man ein gut gereinigtes, geruchsfreies Einmach- oder Schraubglas mit einem gut schließenden Deckel. In dieses Glas gibt man nun weißen Raffinade-Zucker und eine ausgekratzte Vanilleschote – pro 100 g in etwa eine Schote. Das Mark kann man entweder zum Verfeinern von Rezepten verwenden oder man gibt es zum Zucker hinzu. Das Glas nun mindestens eine Woche stehen lassen – der Zucker wird nun durch die Vanille ganz natürlich aromatisiert. Die Vanilleschoten geben über Monate das Aroma an den Zucker ab – in dieser Zeit entnommenen Zucker einfach wieder auffüllen.

Schmelzen und Temperieren von Kuvertüre

Falls Ihnen schon einmal die Kuvertüre nicht richtig gelungen ist, nicht hart wurde oder einen grauen Schleier bekam, dann haben Ihnen wahrscheinlich ein paar kleine, aber enorm wichtige Informationen gefehlt. Die Zubereitung ist nämlich ganz einfach, wenn man ein paar grundlegende Dinge berücksichtigt.

■ Die klein gehackte Kuvertüre im Wasserbad schmelzen. Dafür die Kuvertüre in eine metallene Rührschüssel über einem Topf mit kochendem Wasser geben und langsam unter Rühren auflösen. Die Hitze sollte 40 bis maximal 45 °C (!) nicht überschreiten, da sonst das Eiweiß, insbesondere bei der weißen Kuvertüre, ausflocken kann. Wenn Sie ein Haushaltsthermometer besitzen, sollten Sie es die ersten Male unbedingt verwenden. Achten Sie jedoch darauf, dass kein Tropfen Wasser in die Kuvertüre gelangt. Das Wasser führt dazu, dass der Kakao in der Kuvertüre aufquillt und die Masse nicht mehr richtig fest wird.

■ Die aufgelöste Kuvertüre muss nun temperiert werden, das heißt, man kühlt sie durch Zugabe von fester Kuvertüre langsam bis auf eine Idealtemperatur ab. Hier ist ein wenig Fingerspitzengefühl gefragt, damit man die Kuvertüre nicht zu sehr abkühlt. Die Idealtemperaturen sind für

Zartbitterkuvertüre: ca. 28 bis 29 °C.
Vollmilchkuvertüre: ca. 26 bis 27 °C.
Weiße Kuvertüre: ca. 25 bis 26 °C.

Die richtige Temperatur lässt sich leicht prüfen: Tauchen Sie eine Messerspitze kurz in die Kuvertüre. Ist die Kuvertüre nach 2 bis 3 Minuten fest, ist die Temperatur richtig. Auch hier macht Übung den Meister und die Meisterin.

Manchmal hat der fertige Kuvertüreüberzug eine graufleckige, matte Oberfläche. Sie entsteht, wenn die Kuvertüre zu warm temperiert wird oder das fertig überzogene Backstück zu warm gelagert wurde. Durch das Schmelzen der äußersten Kuvertüreschicht setzt sich Kakaobutter an der Oberfläche ab, die grau aussieht. Sie können das entsprechende Backstück natürlich unbedenklich verzehren, da lediglich der optische Eindruck gelitten hat.

Mit Kuvertüre überziehen

Kuchen oder Torte: Die geschmolzene und temperierte Kuvertüre mit einem Backpinsel auftragen. Bei Kuchen mit glatter Oberfläche können Sie die Kuvertüre auch vorsichtig auf den Kuchen gießen und mit einer Palette oder einem langen Messer mit glatter, möglichst flexibler Klinge gleichmäßig verteilen.

Plätzchen und Gebäck: hier am besten in die Kuvertüre eintauchen. Problemlos funktioniert das, wenn nur ein Teil des Gebäcks überzogen werden soll, wie z.B. bei den Schokobohnen oder den Bergsteigerecken. Etwas kniffliger ist die Sache, wenn das ganze Gebäckteil getaucht werden muss. Klassisch nimmt man hierzu eine Pralinengabel, die sehr dünne Zinken hat, damit keine Kuvertüre hängenbleibt. Sie können dazu aber auch eine normale Gabel oder eine zweizinkige Fleischgabel nehmen, sofern das Gebäckstück damit gut aufgenommen werden kann. Mit der Gabel ganz in die Kuvertüre tauchen und auf einem Kuchengitter oder auf Backpapier abtropfen und trocknen lassen.

Gelatine – Weiches in Form bringen

Gelatine wird häufig benötigt, um Flüssigkeiten oder Cremes in einen festeren, stabileren Zustand zu versetzen. Herkömmliche Gelatine entsteht aus tierischen Eiweißen und ist somit für Vegetarier oder für Menschen jüdischen oder muslimischen Glaubens in der Regel nicht verwendbar. Es gibt für Muslime Halal-Gelatine, koschere Gelatine für Juden ist zumindest in Deutschland so gut wie nicht erhältlich. Gute pflanzliche Alternativen wie Agar Agar, welches aus Algen gewonnen wird, sind jedoch erhältlich.

Dosierung: Für feste Gelees nimmt man auf 1/2 l Flüssigkeit 6 Blatt Gelatine, für Cremespeisen auf 1/2 l Flüssigkeit 4 Blatt Gelatine. Wer es richtig fest haben will, verwendet 8 Blatt. Pulvergelatine ist feiner zu dosieren und wird genauso wie Blattgelatine verarbeitet. Ein Beutel Pulvergelatine (9 g) entspricht übrigens 6 Blatt.

Anwendung der Gelatine: Zuerst die Gelatine aufquellen lassen. Dazu Gelatineblätter in kaltem Wasser einige Minuten einweichen, bis sie richtig glibberig sind. Überschüssiges Wasser ausdrücken und die Gelatine sofort weiter verarbeiten. Die Gelatine wird im nächsten Schritt durch Erwärmen aufgelöst. In der Regel erwärmt man den Teil der Masse, der durch die Gelatine fest werden soll und löst sie darin auf. Gelatine kann auch in der Mikrowelle erwärmt werden. Einfach die eingeweichte und ausgedrückte Gelatine für 10 Sekunden bei höchster Leistungsstufe verflüssigen. Grundsätzlich kann Gelatine in kalten und in warmen Speisen verwendet werden.

In warmen Speisen: Die Cremegrundlage wird erwärmt, in der warmen Creme (nicht kochen!) löst sich die Gelatine unter Rühren sehr schnell auf. Bei Panna cotta beispielsweise wird Sahne mit Zucker und Vanille erhitzt, die ausgedrückte Gelatine dazugegeben und aufgelöst. Die Panna cotta kalt stellen, fertig.

In kalten Speisen: Diese Variante werden wir häufiger verwenden, denn Sahne- oder Quarkcremes dürfen oftmals nicht erhitzt werden, da sonst die geschlagene Sahne wieder zusammenfällt. Also gibt man die eingeweichte Gelatine in einen Topf und erwärmt sie vorsichtig, bis sie sich verflüssigt hat. Nun gibt man 1 bis 2 EL der kalten Creme zur Gelatine und rührt kräftig durch. Gäbe man die flüssige Gelatine direkt zur kalten Crememasse, so würde sie ungleichmäßig erstarren. Also erst ein wenig Creme mit der Gelatine glatt rühren, um Klümpchenbildung zu vermeiden. Die Creme-Gelatine-Masse wird anschließend mit der restlichen Creme vermischt und kalt gestellt.

Ausreichend kühlen: Nach dem Einrühren der Gelatine füllt man die Creme in eine Form und lässt sie im Kühlschrank erstarren. Dieser Vorgang dauert je nach Menge zwischen 90 Minuten und mehreren Stunden.
Gelatine reagiert empfindlich auf bestimmte Enzyme, die beispielsweise in Papaya oder Ananas vorkommen. Bei der Verar-

beitung solcher Früchte einfach die Früchte kurz aufkochen, um die hitzeempfindlichen Enzyme zu zerstören. Anschließend die Früchte mit der Gelatine weiterverarbeiten. Ebenso behindert Säure das Geliervermögen von Gelatine. Ein wenig Zitronensaft schadet aber nicht.

Anti-Haft

Wenn Sie Teig in eine Backform geben, dann müssen Sie die Backform vorher einfetten. Fetten Sie auch dann, wenn Sie eine Anti-Haft-Backform wie beispielsweise Muffinförmchen haben. Bei einer Springform können Sie den Boden mit Backpapier bespannen. Dazu einfach das Backpapier mit etwas Überschuss auf den Boden legen und dann den Seitenring aufsetzen. Die Seitenränder des Ringes müssen Sie natürlich noch einfetten.
Eine gefettete Form kann man zusätzlich noch mit Mehl bestäuben. Bei poröseren Kuchen wie Rührkuchen können Sie auch Semmelbrösel verwenden. Entsprechend präpariert bekommen Sie den Kuchen leichter aus der Form.

Schmand und Sauerrahm

In einigen Rezepten verwende ich Schmand – ein Produkt, was in den verschiedenen Regionen Deutschlands unterschiedlich bekannt ist. In Österreich und der Schweiz ist man mit Schmand eher vertraut. Schmand ist im Grunde genommen eine durch Milchsäurebakterien sauer gewordene Sahne. Dadurch wird die Sahne nicht nur sauer, sondern auch dicker in ihrer Konsistenz. Der Unterschied zu Saurer Sahne ist der Fettgehalt: Während er bei Saurer Sahne bei ungefähr 10 % liegt, hat Schmand in der Regel einen Fettgehalt von 20 bis 29 %.
Die französische Crème fraîche ist eine Variante des Sauerrahms mit einem Fettgehalt von über 30 %, während es die Crème légère auf 20 % und die Crème double auf 40 % bringen. Sie haben ihren Vorteil vor allem in der Verwendung in heißen Saucen, da sie kaum ausflocken.

Zitronen-, Limetten- und Orangenabrieb

In vielen Rezepten verwende ich Zitronen- oder Orangenabrieb. Die in Drüsen der äußeren Schalen gebildeten ätherischen Öle machen die Schale zum Aromaträger der Zitrusfrucht, und damit auch zum Würzen und für Duftmittel interessant. Die äußere Schale wird auch zu Zitronat sowie zu Marmelade verarbeitet. Der Saft von Limetten und Zitronen ist weniger ein Aromaträger, er fügt lediglich Säure dem jeweiligen Gericht hinzu.

Zum Abrieb zu verwenden sind nur unbehandelte Früchte. Die Fruchtschalen vor dem Reiben warm abwaschen und abtrocknen. Am besten reibt man die Schale mit einer Zitrusreibe ab oder mit einem Zestenreißer, der dazu dient, hauchdünne Streifen der äußeren Schale, sogenannte Zesten, abzutrennen. Wenn keine spezielle Reibe vorhanden ist, kann man sich auch mit einer möglichst feinen Haushaltsreibe behelfen. Es soll in jedem Fall darauf geachtet werden, dass man nicht die bittere weiße Innenschale mit abreibt.

Eier

Bitte verwenden Sie für die hier beschriebenen Rezepte nur frische Eier. Wie frisch ein Ei ist, lässt sich leicht erkennen, wenn man das Ei in Wasser legt: Ein frisches Ei sinkt zu Boden und bleibt dort auf der Seite liegen. Ist das Ei sieben oder mehr Tage alt, steigt das stumpfe Ende leicht nach oben, da sich dort eine Luftkammer gebildet hat. Ein 2 bis 3 Wochen altes Ei steht senkrecht im Wasser mit dem stumpfen Ende nach oben. Die Luftkammer ist bereits so groß, dass sie das Ei vollständig aufrichtet. Länger als drei bis vier Wochen sollten Eier nicht aufgehoben werden.

Wenn Sie das Eigelb vom Eiweiß trennen müssen, dann achten Sie bitte vor allem darauf, dass keine Spuren vom Eigelb im Eiweiß verbleiben, da es sonst schwierig wird, das Eiweiß zu einem stabilen Eischnee zu verarbeiten. Ebenso müssen Schüssel und Rührgeräte, die für die Erstellung des Eischnees verwendet werden, absolut fettfrei sein.
Die Stabilität des Eischnees können sie durch eine Prise Salz oder etwas Zitronensaft erhöhen. Wenn sie den Eischnee mit Zucker aufschlagen so wird er feinporiger, aber auch stabiler. Dies ist vor allem für Baiser-Rezepte wichtig.

Die in diesem Buch verwendeten Mengenangaben gehen von der Eigröße M aus.

Kuchen

für Freunde

Backen ist Kommunikation. Denn man backt nicht für sich allein, sondern meist oder immer auch für andere. Backen ist somit ein süßer Gruß an Freunde, denen man zeigen will, dass sie einem wert sind. Ich stelle Ihnen hier wunderbare Kuchenrezepte vor, die Sie leicht zubereiten können – an denen man aber trotzdem den Wert ihrer Freundschaft ersehen kann. Das Herz backt mit …

Blaubeer-Cassis-Törtchen

Sie brauchen:

1 kleine Springform
(Ø 20 cm)

150 g Mürbteig
(siehe Grundlagen
Seite 11)

2 schmale, kleine
Biskuit-Tortenböden
(siehe Grundlagen
Seite 14)

5 Blatt Gelatine
300 g Blaubeeren
(frisch oder TK)
200 g Joghurt
40 g Zucker
4 cl Cassislikör
300 g Sahne
3 EL Johannisbeer-
gelee
1 Päckchen Torten-
guss

100 g Sahne zum
Verzieren

■ Mürbteig nach Beschreibung zubereiten, ruhen lassen. Den Backofen auf 180 °C vorheizen.

■ Den Mürbteig ausrollen und den Boden einer kleinen Springform damit belegen. Im vorgeheizten Backofen etwa 8 bis 10 Minuten goldgelb backen. Abkühlen lassen.

■ Gelatine einweichen. Die Blaubeeren in je 100 g dritteln.

■ Die ersten 100 g Blaubeeren pürieren. Den Joghurt, Zucker und die pürierten Blaubeeren miteinander vermischen. Die Gelatine ausdrücken und zusammen mit dem Cassislikör erwärmen und auflösen. 2 bis 3 EL der Joghurtmasse in den warmen Cassis einrühren, dann die Gelatine-Cassis-Mischung unter die restliche Joghurtcreme ziehen.

■ Die zweiten 100 g Blaubeeren unterheben. Die Sahne steif schlagen und vorsichtig mit einem Schneebesen unter den Cassisjoghurt heben.

■ 3 EL Johannisbeergelee auf den Mürbteig streichen, darauf den ersten Biskuitboden geben. Auf dem Tortenboden 2/3 der Cassiscreme streichen. Den zweiten Tortenboden darauf setzen. Mit der restlichen Cassiscreme bestreichen.

■ Den Kuchen mindestens 1 Stunde im Kühlschrank kalt werden lassen.

■ Die 100 g Sahne zum Verzieren steif schlagen. In einen Spritzbeutel geben und mit einer kleinen oder mittleren Stern- oder Lochtülle einen Ring oder Tupfen um den oberen Tortenrand spritzen.

■ Den Tortenguss nach Anleitung zubereiten.

■ Die restlichen 100 g Blaubeeren auf der Torte innerhalb des Sahnerings verteilen und mit dem Tortenguss ausgießen. Vorsicht: Er darf nicht zu heiß sein!

■ Den Tortenguss im Kühlschrankfest werden lassen. Vorsichtig aus der Springform nehmen und mit der restlichen Sahne den Rand glatt streichen.

Käsekuchen

Sie brauchen:
300 g Mürbteig
(siehe Grundlagen
Seite 11)

500 g Quark
250 g Sauerrahm
50 g Zucker
60 g Vanille-Pud-
dingpulver
10 g Vanillezucker
1 Prise Salz
Abrieb einer 1/2 Zi-
trone
5 Eigelb
250 ml Milch
250 g Sahne

5 Eiweiß
140 g Zucker

▦ Den Mürbteig nach Anleitung zubereiten.

▦ Den Backofen auf 180 °C vorheizen.

▦ Den Mürbteig ausrollen, auf den Boden einer Springform geben und ca. 10 Minuten vorbacken, bis der Teig goldgelb ist.

▦ Quark, Sauerrahm, Zucker, Vanillezucker, Puddingpulver, Salz, Zitronenabrieb und die Eigelbe miteinander vermischen und glatt rühren. Milch und Sahne nach und nach unter die Masse rühren. Eiweiße und Zucker zu Schnee schlagen und unterheben.

▦ Die Masse auf den vorgebackenen Mürbteig geben und bei 180 °C 20 Minuten anbacken. Nach 20 Minuten den Kuchen herausnehmen und mit einem Messer entlang des Tortenrandes 15 mm tief einschneiden, damit er beim Weiterbacken nicht einreißt.

▦ Die Temperatur auf 150 °C reduzieren und 40 Minuten weiterbacken. Dann den Kuchen 10 Minuten aus dem Ofen nehmen, damit er nicht zu weit aufgeht – in den 10 Minuten fällt er wieder ein wenig zusammen. Nochmals 15 Minuten bei 150 °C fertig backen.

Laut einer Befragung von Kabel eins ist der Käsekuchen Deutschlands beliebtester Kuchen. Fast jeder backende Haushalt hat sein eigenes Familienrezept – und wenn nicht, haben Sie es jetzt. Sie können den Käsekuchen sehr leicht variieren: Durch die Zugabe von Obst zur Käsemasse vor dem Backen, zum Beispiel Himbeeren, Blaubeeren, Brombeeren, rote und schwarze Johannisbeeren, Kirschen, Zwetschgen, aber auch Rosinen, Dosenmandarinen, Mangowürfel etc. kann ein Käsekuchen abgewandelt werden. Weitere Möglichkeiten sind das Hinzufügen von Vanille, Vanillin, Zitronenöl oder Ahornsirup. Einer der Favoriten in den USA ist der Erdbeerkäsekuchen („Strawberry cheesecake"), welcher nach dem Backen mit einer süßen Masse mit Erdbeergeschmack bestrichen oder mit einer Erdbeersauce serviert wird.

Rum-Nuss-Kranz

Sie brauchen:
Kranzform

300 g Butter
250 g Zucker
1 Prise Salz
8 Eier
250 g Mehl
1 1/2 TL Backpulver
(7 g)
2 EL Zimtpulver
100 g gemahlene
Haselnüsse
150 g Semmelbrösel

250 g Zucker
100 ml dunkler Rum

▧ Zimmerwarme Butter mit Zucker und Salz schaumig rühren. Nach und nach die Eier unterrühren. Mehl, Backpulver, Zimtpulver, gemahlene Haselnüsse und Semmelbrösel miteinander vermischen und in die Butter-Ei-Mischung einrühren.

▧ Den Backofen auf 180 °C vorheizen.

▧ Die Kranzform mit Butter ausstreichen und mit etwas Mehl bestäuben. Die Masse gleichmäßig einfüllen. Nach dem Einfüllen kann man die Kranzform leicht mehrmals aufschlagen, damit eventuelle Luftblasen leichter aufsteigen können. Bei 180 °C ca. 60 Minuten backen (Holzstäbchentest, siehe Seite 16). Aus dem Ofen nehmen und auskühlen lassen.

▧ 250 ml Wasser und Zucker zum Kochen bringen und 5 Minuten leicht köcheln lassen. Den so entstandenen Läuterzucker abkühlen lassen und mit dem dunklen Rum vermischen. Den Rum erst in den erkalteten Läuterzucker geben, sonst verfliegt der Alkohol.

▧ Den abgekühlten Kuchen mit einem Holzstäbchen mehrfach an der Oberfläche einstechen. Den Kuchen nun gleichmäßig mit der Läuterzucker-Rum-Mischung tränken.

▧ Für zwei Stunden noch in der Form ruhen lassen, damit sich die Flüssigkeit gut verteilen kann. Erst dann den Kuchen aus der Form stürzen.

▧ Den fertigen Kuchen können Sie unterschiedlich garnieren. Am wenigsten Arbeit mach das Bepudern mit Puderzucker.

Varianten

▧ Haselnuss-Schokoladen-Glasur: Die fertig gekaufte Glasur nach Packungsangabe zubereiten und über den Kuchen geben.

▧ Aprikosen-Haselnuss-Mantel: Den Kuchen mit heißer Aprikosenkonfitüre mit einem Backpinsel bestreichen und mit gerösteten, gehobelten Haselnüssen bestreuen. Nach Belieben die Aprikosenkonfitüre mit Rum verfeinern.

▧ Schokoladen-Krokant-Überzug: 400 g dunkle Kuvertüre schmelzen und temperieren (siehe Seite 17) und den Kuchen damit überziehen. Den noch feuchten Kuchen mit fertigem Haselnusskrokant (aus dem Supermarkt) bestreuen.

Limettentarte

Sie brauchen:
Klarsichtfolie
Spring- (Ø 26 cm)
oder 3 kleinere Tarte-
formen (Ø 8 cm)
Dressierbeutel mit
Lochtülle

Teig:
100 g kalte Butter
80 g Zucker
1 Prise Salz
1 Päckchen Vanille-
zucker
1 Ei
220 g Mehl
Butter zum Einfetten
der Form

Füllung:
100 ml Limettensaft
und abgeriebene
Schale von 2 Limet-
ten
100 g Zucker
150 g Sauerrahm
5 Eigelb

Baiser:
5 Eiweiß (ca. 150 g)
150 g Zucker
1 Prise Salz
Saft einer 1/2 Li-
mette

▨ Aus den Zutaten für den Teig wird zuerst ein Mürbteig herge-stellt: Dazu werden alle Zutaten vermengt und miteinander ver-knetet – entweder mit dem Knethaken der Küchenmaschine oder mit der Hand – bis eine homogene Masse entsteht. Den Teig zu einer Kugel formen, in Frischhaltefolie einwickeln und im Kühl-schrank ca. 1 Stunde kalt stellen.

▨ Den Ofen auf 180 °C vorheizen.

▨ Nach der Ruhezeit den Teig ca. 1/2 cm dick ausrollen – idealer-weise etwas größer als die Form, danach in die mit Butter einge-fettete Tarte- oder Springform geben.

▨ Nun wird der Teig blind gebacken: Dazu deckt man den Teig mit Backpapier ab und beschwert diese mit getrockneten Hül-senfrüchten wie Linsen oder Erbsen. Das Blindbacken dient dazu, den Teig knuspriger zu machen und damit das Durchweichen zu verhindern. Der Teig wird 15 bis 20 Minuten blind gebacken bis er goldgelb wird.

▨ Für die Limettenfüllung den Limettensaft zusammen mit Zucker, Sauerrahm und den Eigelben mit einem Schneebesen kräftig verrühren und auf den vorgebackenen Mürbteig geben. Wieder in den Ofen geben und bei 170 °C in 25 Minuten fertig backen (bis die Masse durch das Eigelb gestockt ist).

▨ Den Kuchen herausnehmen und den Ofen auf 220 °C vorhei-zen. Für die Baiserhaube Eiweiß, Zucker, Salz und Limettensaft am besten mit einem Küchenquirl zu einem steifen Eischnee verschlagen. Den Eischnee möglichst gleichmäßig auf dem fertig gebackenen Kuchen verteilen. Schöner wird es allerdings, wenn man den Eischnee mit einem Dressierbeutel mit Lochtülle auf den Kuchen gibt. Den fertigen Kuchen mit Baiserhaube in den vorgeheizten Ofen geben und 5 bis 10 Minuten im Ofen lassen, bis die Baiserhaube goldgelb abgeflemmt ist.

Das Wunderbare an diesem Kuchen ist die Kombination aus dem frisch-säuerlichen Fruchtgeschmack der Limette mit der cremigen Süße des Baisers. Raffiniert!

Kleine Beeren-Mousse-Torte

Sie brauchen:

1 kleine Springform
(Ø 20 cm)

2 kleine, schmale
Schokobiskuitböden
(siehe Grundlagen
Seite 15)

6 Blatt Gelatine
250 g gemischte
Beeren (frisch oder
TK)
80 g Zucker
125 g Crème fraîche
4 Eigelb (sehr frisch!)
4 cl Beerenlikör
400 g Sahne
2 EL Johannisbeer-
gelee
1 Päckchen Torten-
guss (nach Belieben)

▨ Die Schokobiskuitböden nach Grundrezept zubereiten.

▨ Die Gelatine in kaltem Wasser einweichen. Die Hälfte der Beeren (125 g) mit dem Zucker pürieren. In einer Schüssel das Bee-
renpüree, die Crème fraîche und die Eigelbe mit einem Schneebesen miteinander vermischen. Die gut ausgedrückte Gelatine
in einem Topf zusammen mit dem Beerenlikör erwärmen und
auflösen. In die aufgelöste Gelatine 2 bis 3 EL der Beerencreme
zum Angleichen einrühren, dann diese Mischung in die restliche
Beerencreme geben und verrühren. 300 g Sahne steif schlagen
und vorsichtig unterheben.

▨ In eine kleine Springform einen der beiden Schoko-Biskuit-
Böden (maximal 2 cm hoch) einlegen. 1 EL Johannisbeergelee
gleichmäßig aufstreichen und die Hälfte der Beerenmousse auf
den Boden geben. Dann den zweiten Biskuitboden mit Gelee bestreichen und einsetzen. Die restliche Beerenmousse daraufgeben, glatt streichen und im Kühlschrank für etwa 2 Stunden fest
werden lassen.

▨ Die restlichen 100 g Sahne steif schlagen, einen Teil davon in
einen Spritzbeutel geben und am oberen Tortenrand einen Sahnering aufspritzen oder ringförmig Tupfen aufsetzen.

▨ Tortenguss nach Anleitung zubereiten.

▨ Die restlichen Beeren in den Sahnering geben und vorsichtig
mit dem etwas abgekühlten Tortenguss begießen. Kalt stellen,
bis der Tortenguss fest geworden ist. Aus der Springform nehmen und mit der restlichen geschlagenen Sahne den Rand der
Torte glatt streichen.

Sie können natürlich die Torte auch mit anderen
Früchten oder einer Fruchtmischung belegen.
Auch auf den Tortenguss kann man verzichten,
wenn die Torte sofort verzehrt werden soll.

Käse-Mohn-Kuchen

Sie brauchen:
Springform
(Ø 26 cm)

350 g Mürbteig
(siehe Grundlagen
Seite 11)

Mohnfüllung:
125 g Milch
40 g Speisestärke
100 g Zucker
120 g gemahlener
Mohn
1 Ei
200 g Schmand

Quarkmasse:
250 g Quark (20 %)
200 g Schmand
2 Eier
120 g Zucker
5 g Vanillezucker
40 g Vanille-Pud-
dingpulver

■ Den Mürbteig nach Anleitung zubereiten.

■ Backofen auf 170 °C vorheizen.

■ Von der Teigmasse ca. 50 g abzweigen, um später die Torten-form abzudichten. Die verbleibenden 300 g Mürbteig ausrollen und den Boden einer gefetteten Springform damit auslegen. Ca. 12 Minuten goldgelb backen. Etwas abkühlen lassen und mit dem restlichen Mürbteig den Boden mit einem ca. 2 cm hohen Rand abdichten.

■ Milch, Speisestärke und Zucker in einem Topf verrühren. Den Mohn hinzufügen und die Milch-Mohn-Masse unter stetem Rühren langsam aufkochen. Etwas abgekühlt das Ei und den Schmand unterrühren und die Mohnfüllung in die Springform auf den Teigboden geben.

■ Für die Quarkfüllung alle Zutaten in einer Schüssel miteinan-der klumpenfrei am besten mit einem Schneebesen verrühren. Vorsichtig auf die Mohnfüllung geben.

■ Den Kuchen in den vorgeheizten Ofen geben und ca. 50 Minu-ten backen. Vor den Servieren mindestens 1 Stunde auskühlen lassen.

Mohn sollte immer frisch gemahlen oder
zumindest gemahlen in vakuumiertem
Zustand gekauft werden. Nicht vakuumiert
wird gemahlener Mohn schnell ranzig.

Rhabarber-Streusel

Sie brauchen:
Tarteform

300 g Mandelmürb-
teig (siehe Grundre-
zept Seite 11)

700 g frischer Rha-
barber
30 g Vanille-Pud-
dingpulver
150 ml Weißwein
100 g Zucker
1 Prise Zimtpulver
10 g Vanillezucker
50 g Butter

Marzipanstreusel:
150 g Weizenmehl
200 g Marzipanroh-
masse
100 g Butter
10 g Vanillezucker

▓ Den Mandelmürbteig nach Anleitung zubereiten und ruhen lassen.

▓ Den Backofen auf 180 °C vorheizen.

▓ Nach der Ruhezeit dünn ausrollen und eine gefettete Tarteform damit auslegen. Die Tarteform mit dem Mürbteig im vorgeheizten Ofen blind backen: Dazu deckt man den Teig mit Backpapier ab und beschwert ihn mit getrockneten Hülsenfrüchten wie Linsen oder Erbsen. Der Teig wird ca. 15 Minuten blind gebacken bis er goldgelb wird. Herausnehmen und abkühlen lassen.

▓ Den geschälten und in kleine Stücke geschnittenen Rhabarber in einem Topf mit etwas Wasser blanchieren, d.h. kurz aufkochen lassen. In einem Sieb abseien.

▓ Das Vanille-Puddingpulver mit etwas Weißwein glatt rühren. In einem Topf nun den restlichen Weißwein mit Zucker, Zimtpulver und Vanillezucker aufkochen. Das angerührte Vanille-Puddingpulver in den kochenden Weißwein einrühren und aufkochen lassen. Vom Herd nehmen und die Butter einrühren.

▓ Den abgeseiten Rhabarber in die Weincreme geben und vermischen. Dann die Rhabarber-Wein-Masse in die abgekühlte Tarteform auf den Mürbteig geben.

▓ Den Backofen auf 170 °C vorheizen.

▓ Weizenmehl, Marzipanrohmasse, Butter und Vanillezucker mit der Hand oder dem Knethaken des Handmixers miteinander bröselig verkneten. Die Streusel über die Tarte streuen und die Tarte in den vorgeheizten Ofen 25 bis 30 Minuten backen. Herausnehmen und abkühlen lassen.

▓ Die Marzipanstreusel werden durch den hohen Zuckeranteil recht schnell dunkel. Sollten sie zu dunkel werden, die Tarteform mit Backpapier oder Alufolie abdecken.

Schmandkuchen mit verschiedenen Früchten

Sie brauchen:
Springform
(Ø 26 cm)

300 g Mürbteig
(siehe Grundlagen
Seite 11)

1,2 kg Schmand oder
Sauerrahm
250 g Zucker
100 g Vanille-Pud-
dingpulver
3 Eier
Saft einer 1/2 Zitrone
1 Prise Salz
500 g Frucht (je nach
Frucht bzw. Volumen
kann das Gewicht
variieren.)

▧ Den Mürbteig nach Anleitung zubereiten.

▧ Den Backofen auf 180 °C vorheizen.

▧ Den Mürbteig rund ausrollen. Eine Springform ausfetten, mit dem Teig auslegen. Etwa 10 Minuten vorbacken, bis der Teig goldgelb ist. Abkühlen lassen.

▧ Schmand, Zucker, Vanille-Puddingpulver miteinander glatt rühren. Nach und nach die Eier dazugeben und unterrühren. Zitronensaft und eine Prise Salz hinzugeben.

▧ Die Hälfte der Früchte auf dem abgekühlten Mürbteigboden verteilen. Besonders geeignet sind:

Blaubeeren, Brombeeren, Rhabarber, Kirschen, Mandarinen aus der Dose (frische haben eine zu zähe Schale), ungeschälte Aprikosen, geschälte, reife Birnen

Nicht geeignet sind Erdbeeren, Kiwis etc., da sie zu weich werden und zu viel Saft verlieren, oder Melonen, da sie bitter werden können …

▧ Die Schmand-Eier-Masse vorsichtig über die Früchte geben. Die restlichen Früchte vorsichtig auf der Masse verteilen. In den Ofen geben und in ca. 60 Minuten backen bis die Oberfläche goldgelb ist.

Der klassische Schmandkuchen ist eine Spezialität aus Hessen und Thüringen. Dort wird er meist mit Hefeteig zubereitet. Ich bevorzuge die Version mit Mürbteig, die nicht nur schneller geht, sondern auch noch eine leicht knusprige Komponente hinzufügt.

Schwäbischer Aprikosenkuchen

Sie brauchen:
Springform
(Ø 26 cm)

300 g Mürbteig
(siehe Grundlagen
Seite 11)

500 ml Milch
100 g Zucker
1 Päckchen Vanille-
Puddingpulver
250 g Quark (20 %)
2 Eier
50 g Zucker
1 kg Aprikosen
Evtl. Aprikosenkon-
fitüre und geho-
belte Mandeln zum
Bestreuen

▓ Den Mürbteig nach Grundrezept zubereiten und ruhen lassen.

▓ Mit der Milch, dem Zucker und dem Puddingpulver einen Pudding nach Packungsanleitung kochen. Mit einer Frischhaltefolie auf der Puddingoberfläche bedeckt abkühlen lassen. Die Folie dient dazu, dass sich auf dem Pudding keine Haut bildet.

▓ Den Backofen auf 180 °C vorheizen.

▓ Mit 2/3 des Mürbteigs (ca. 200 g) einen Boden für die Springform ausrollen. Den Boden der Form damit belegen und im Ofen 8 bis 10 Minuten goldgelb vorbacken. Kurz abkühlen lassen. Mit dem restlichen Mürbteig den Rand der Springform auskleiden.

▓ Den Quark und den restlichen Zucker (50 g) in den lauwarmen Pudding mit einem Schneebesen gut einrühren.

▓ Die Masse in die Springform auf den vorgebackenen Boden geben.

▓ Aprikosen waschen, halbieren und entkernen. Den Kuchen mit den Aprikosenhälften gleichmäßig belegen.

▓ Im vorgeheizten Backofen bei 170 °C ca. 35 Minuten backen. Der Kuchen ist fertig, wenn die Puddingmasse nach Fingerdruck wieder in die ursprüngliche Form geht und keine Kuhle bleibt. Auskühlen lassen.

Wenn man möchte, kann man die noch warme Oberfläche des Kuchens mit Aprikosenkonfitüre bestreichen und mit gehobelten Mandeln bestreuen.

Butterkuchen

Sie brauchen:
Backblech

Hefeteig:
400 g Mehl
180 ml lauwarme
Milch
60 g Zucker
1 Päckchen Vanille-
zucker
1 Prise Salz
1 Ei
1 Spritzer Zitrone
25 g Hefe
75 g Butter
Butter zum Bestrei-
chen

Belag:
150 g Butter
150 g Sauerrahm
oder Schmand
70 g gehobelte
Mandeln
70 g Zucker

▓ Den Hefeteig mit den angegebenen Zutaten herstellen (siehe Grundrezept Hefeteig Seite 12).

▓ Den Teig auf ca. 30 x 40 cm ausrollen und auf ein mit Butter bestrichenes Backblech legen. Den Teig an einem warmen Ort 30 Minuten aufgehen lassen.

▓ Den Backofen auf 180 °C vorheizen.

▓ Butter und Schmand cremig verrühren (alle Zutaten sollten dabei zimmerwarm sein). Mit dem Finger gleichmäßig alle 3 bis 4 cm kleine Kuhlen in den Hefeteig drücken und die Butter-Schmand-Masse darauf verteilen. Zum Schluss die gehobelten Mandeln und den Kristallzucker darüberstreuen.

▓ Den Butterkuchen ca. 15 bis 20 Minuten goldgelb backen. Den Kuchen etwas auskühlen lassen. Am Besten schmeckt der Butter-kuchen, wenn er lauwarm gegessen wird.

Kaum ein Kuchen wird so universell geliebt wie Butterkuchen, wohl weil er so einfach wie lecker ist – und irgendwie immer nach glücklicher Kindheit schmeckt.

Obstkuchen

Sie brauchen:
Springform
(Ø 26 cm)

Biskuitboden:
6 Eier
170 g Zucker
10 g Vanillezucker
Prise Salz
Schale einer 1/2 Zitrone
100 g Mehl
100 g Speisestärke
90 g Butter

200 g Sahne
300 g Naturjoghurt
40 g Zucker
5 g Vanillezucker
4 Blatt Gelatine
Saft einer 1/2 Zitrone

Obst nach Belieben
2 Päckchen Tortenguss

▨ Eier, Zucker, Vanillezucker, Salz und Zitronenschale mit einem Handrührgerät schaumig rühren, bis die Masse durch weiteres Schlagen nicht mehr an Volumen gewinnt. Die Butter schmelzen. Das Mehl und die Stärke sieben und zusammen mit der flüssigen Butter vorsichtig unterheben.

▨ Backofen auf 170 °C vorheizen.

▨ In eine Springform einfüllen und ca. 30 Minuten backen. Abkühlen lassen, aus der Form nehmen und den Boden einmal quer auf halber Höhe durchschneiden.

▨ Die Sahne steif schlagen, mit dem Joghurt, Zucker und Vanillezucker vorsichtig verrühren.

▨ Die Gelatine einweichen, ausdrücken, in warmem Zitronensaft auflösen und unter die Joghurt-Sahne-Masse rühren.

▨ Den ersten Biskuitboden in eine Springform legen, 2/3 der Joghurtmasse darauf verstreichen. Den zweiten Biskuitboden daraufgeben und die restliche Joghurtmasse verstreichen. Den Obstbelag darauf verteilen. Den Tortenguss nach Packungsanweisung zubereiten und über das Obst gießen. Den Obstkuchen im Kühlschrank mindestens zwei Stunden auskühlen.

Rutschgefahr: Wenn man die Früchte auf die Joghurtcreme gibt, können die Früchte beim Aufschneiden leicht ins Rutschen kommen. Das kann man vermeiden, indem man, bevor die Früchte aufgelegt werden, die oberste Schicht der Joghurtcreme mit Kuchenbröseln (zur Not auch Semmelbröseln) bestreut.

Getränkter Zitronenkuchen

■ Backofen auf 170 °C vorheizen.

■ Zimmerwarme Butter und Zucker schaumig rühren. Eier nach und nach zugeben und weiter verrühren. Abrieb von zwei Zitronen dazugeben und gesiebtes Mehl und Backpulver unterheben. Nach Belieben in eine gefettete und bemehlte Kasten- oder Gugelhupfform geben.

■ Den Kuchen in den vorgeheizten Ofen geben und ca. 45 Minuten backen.

■ Den Saft von vier Zitronen auspressen und 100 g Zucker im Zitronensaft auflösen. Den warmen Kuchen mit einem Zahnstocher mehrmals einstechen, den Zitronensirup darübergießen und den Kuchen damit tränken. Wenn der Kuchen abgekühlt ist, dann kann man ihn noch mit einer Puderzuckerglasur begießen. Hier empfiehlt sich, etwas Zitronensaft statt Wasser für die Glasur zu nehmen. Ansonsten einfach mit Puderzucker bestäuben.

Der Kuchen wird durch das Tränken mit dem frischen Zitronensirup wunderbar feucht und fruchtig. Besonders gut gelingt es, wenn man den Kuchen nach dem Backen aus der Form nimmt – um sicherzustellen, dass er sich auch gut löst – und ihn dann wieder in die Form zurückgibt. Wenn man den Kuchen jetzt tränkt, dann geht keine Flüssigkeit verloren. Nach dem Abkühlen aus der Form nehmen und bestäuben oder glasieren.

Sie brauchen:
Kasten- oder Gugelhupfform

250 g Butter
200 g Zucker
5 Eier
200 g Mehl
50 g Speisestärke
4 unbehandelte Zitronen
2 TL Backpulver
Butter und Mehl für die Form

100 g Zucker für den Zitronensirup
100 g Puderzucker für die Glasur

Varianten:
Für Erwachsene: Den Kuchen mit einem Teil Sirup und einem Teil Limoncello tränken.
Getränkter Orangenkuchen: Statt Zitronensaft und Zitronenschale Orangensaft und Orangenschale nehmen. In den Sirup zum Tränken Orangenlikör geben. Diese Variante schmeckt großartig, wenn man geraspelte dunkle Kuvertüre oder gehacktes Orangeat – oder beides – in den Teig einrührt.

Engadiner Nusstorte

Sie brauchen:
1 Tarteform oder
8 Tartelettförmchen

500 g Mürbteig
(siehe Grundrezept
Seite 11)

200 g Sahne
100 g Honig
60 g Marzipanroh-
masse
100 g Krokantstreu-
sel
80 g gehobelte
Mandeln
40 g gehackte Hasel-
nüsse
100 g gehackte
Walnüsse
1 Ei
Puderzucker zum
Bestäuben

▦ Mürbteig nach Grundrezept zubereiten und ruhen lassen.

▦ Sahne mit der Hälfte des Honigs (50 g) aufkochen und für ca. 10 Minuten leicht köcheln lassen, damit der Honig karamellisiert. Die Marzipanrohmasse mit dem restlichen Honig zusammen glatt rühren. Die aufgekochte Sahne mit dem Honigmarzipan mischen und den Krokant sowie die Nüsse unterrühren.

▦ Den Backofen auf 180 °C vorheizen.

▦ Mürbteig ca. 3 mm dick ausrollen, für die Tarteform bzw. die 8 Tartelettförmchen jeweils einen Boden und einen Teigdeckel ausrollen. Die Förmchen mit dem Mürbteig auslegen.

▦ Die Sahne-Nuss-Masse einfüllen und jeweils einen Teigdeckel aufsetzen. Teigdeckel mit der Gabel mehrfach einstechen. Besonders schön sieht es aus, wenn man die Einstiche in einem regelmäßigen Muster macht.

▦ Ein Ei verquirlen, den Teigdeckel damit bestreichen. Die große Tarteform ca. 40 Minuten, die kleinen Tartelettes 30 Minuten im vorgeheizten Ofen backen.

▦ Auskühlen lassen. Mit Puderzucker bestäuben.

Die Engadiner Nusstorte – oder auch Bündner Nusstorte – ist DAS kulinarische Aushängeschild des Kantons Graubünden. Sie ist der absolute Exportschlager, wohl auch weil sie sich bei guter Lagerung wochen- wenn nicht monatelang hält. Natürlich hat jede Familie in Graubünden, die etwas auf sich hält, ihr eigenes Rezept, das sie streng hütet. Gleich ist den Rezepten die Mürbteighülle und die Walnüsse (schweizerisch „Baumnüsse"). Die hier beschriebene Version mit zusätzlich Mandeln und Haselnüssen finde ich wunderbar. In der Schweiz wird die Torte in recht kleine Stücke geschnitten und zum Dessert oder zum „Zvieri", dem Kaffeetrinken um vier Uhr nachmittags, mit Kaffee oder Tee gegessen.

Tarte Tatin mit Birnen und Rosmarin

▓ Birnen schälen, entkernen und in dünne Spalten schneiden.

▓ In der Pfanne Butter und Zucker erhitzen, bis der Zucker gold-gelb karamellisiert. Die Pfanne vom Herd nehmen und die Bir-nenspalten rundherum dachziegelartig einschichten.

▓ Den Backofen auf 200 °C vorheizen.

▓ Den aufgetauten Blätterteig auf einer leicht bemehlten Flä-che mit dem Rundholz in eine möglichst runde Form ausrollen, sodass der Teig die Birnenschicht in der Pfanne vollständig be-deckt. Den überstehenden Blätterteig abschneiden, die Kanten etwas nach unten an den Rand der Pfanne drücken.

▓ Die Pfanne auf die mittlere Schiene des Ofens geben und ca. 25 Minuten backen. Nach dem Backen die Tarte Tatin sofort auf einen entsprechend großen Teller stürzen.

▓ In einem Topf die Aprikosenkonfitüre, den Honig und den klein geschnittenen Rosmarinzweig erhitzen, aufkochen und bei nied-riger Hitze zwei Minuten köcheln lassen. Vom Herd nehmen, die Stücke des Rosmarinzweigs entfernen und mit der Konfitüre die Oberfläche der Tarte Tatin einpinseln.

Tipp
Mit geschlagener
Sahne oder Vanilleeis
servieren.

Die Tarte Tatin, ein berühmtes französisches Dessert, ist sozusagen eine Tarte „kopfüber". Die Kreation der Schwestern Stéphanie und Caroline Tatin, die im 19. Jahr-hundert in einem Ort im Loiretal ein Hotel führten, ist in Frankreich und darüber hinaus zur Berühmtheit gelangt. In Frankreich wird dieses Dessert entweder „Tarte du Chef" oder „Tarte des Demoiselles Tatin" genannt. Das Original ist mit Karamell und Äpfeln, Sie können sie aber auf verschiedenste Art zubereiten. Die hier beschriebene Variante mit Birnen schmeckt besonders gut, da die Birnen auf diese Art ihren delikaten aber zarten Geschmack zur Geltung bringen.
Ich verwende bei diesem Rezept eine ofenfeste Pfanne. Klassisch nimmt man eine spezielle Tarte-Tatin-Form (eine Tarteform mit Griffen), welche man auch auf die Herdplatte stellen kann. Da kaum ein deutscher Haushalt über diese Form verfügt, nehmen wir statt dessen eine Pfanne mit ofenfestem Griff.

Karamell-Bananen-Tarte

Sie brauchen:
Springform
(Ø 26 cm)

300 g Schokomürb-
teig (siehe Grundla-
gen Seite 11)

275 g geschälte
Bananen (ca. 2–3 Ba-
nanen)
40 g Zucker
50 g Butter
1 Ei
Saft einer 1/2 Zitrone
20 g Bananenlikör

1 heller Biskuitbo-
den (ca. 1cm, siehe
Grundlagen Seite 14)

220 g Sahne
200 g Zucker
90 g Butter
300 g Vollmilchku-
vertüre oder -scho-
kolade

▓ Schokomürbteig nach Anleitung zubereiten und ruhen lassen.

▓ Den Ofen auf 180 °C vorheizen.

▓ Nach der Ruhezeit rund auswalken und den Boden und Rand (ca. 3 cm hoch) einer gefetteten Springform belegen. Der Mürbteig muss nun vorgebacken werden. Um zu verhindern, dass der Teig am Rand zusammensackt, wird der Teig mit einem passenden Stück Backpapier ausgelegt und mit Linsen oder Erbsen belegt, um den Boden zu beschweren. Diese Methode nennt man blind backen. Nun im vorgeheizten Ofen 10 bis 15 Minuten goldgelb backen. Auskühlen lassen.

▓ Die Bananen schälen, klein schneiden und pürieren. Das Bananenpüree mit Zucker, Butter, dem Ei und dem Zitronensaft in einen Topf geben. Bei mittlerer Hitze unter ständigem Rühren aufkochen lassen (Vorsicht, die Masse brennt leicht an!). Vom Herd nehmen, kurz auskühlen lassen und den Bananenlikör einrühren. Erkalten lassen.

▓ Einen Biskuitboden nach Anleitung zubereiten. Der Boden soll ca. 1 cm hoch sein.

▓ Die Bananenmasse auf den ausgekühlten Schokomürbteig geben und glatt streichen. Darauf wird der Biskuitboden gelegt und leicht angedrückt.

▓ Die Sahne in einem Topf auf ca. 40 bis 50 °C erwärmen.

▓ In einem zweiten Topf den Zucker langsam bei mittlerer Hitze goldgelb karamellisieren. Nach und nach die erwärmte Sahne langsam unter ständigem Rühren zum Karamell hinzufügen. Die Karamellsahne ca. 2 Minuten köcheln lassen bis der Karamell vollständig gelöst ist. Die Karamellsahne in eine Schüssel geben und ca. 10 Minuten auskühlen lassen.

▓ In die abgekühlte, noch warme Karamellsahne die zimmerwarme Butter und die gehackte Vollmilchkuvertüre oder -schokolade einrühren, bis eine homogene Masse entsteht.

▓ Die Karamell-Schoko-Masse auf den Biskuitboden verteilen und glatt streichen.

▓ Im Kühlschrank 1 bis 2 Stunden auskühlen lassen, aus der Springform nehmen und nach Belieben dekorieren.

Tipp
Sollten Sie die Zubereitung von zwei Teigsorten (Schokomürbteig und Biskuitboden) als zu mühsam empfinden, dann können Sie den Biskuitboden auch weglassen. Die Karamellcanache wird dann direkt auf die Bananenmasse gegeben. Der Mürbteigrand sollte bei dieser Bananen-Karamell-Tarte nur 2 cm Höhe haben.

Fruchttarte

Sie brauchen:
Tarteform

300 g Mürbteig
(siehe Grundlagen
Seite 11)
180 ml Milch
80 g Sahne
1 Ei
50 g Zucker
25 g Mehl
2 EL Vanille-Pudding-
pulver
400 g Frucht (je nach
Frucht bzw. deren
Volumen kann das
Gewicht variieren)

■ Mürbteig nach Grundrezept zubereiten und rund ausrollen. Eine Tarteform ausfetten und mit dem Mürbteig auslegen.

■ Für den Guss Milch, Sahne, Ei, Zucker, gesiebtes Mehl und das Vanille-Puddingpulver mit einem Schneebesen klumpenfrei miteinander verrühren.

■ Backofen auf 180 °C vorheizen.

■ Früchte auf dem Mürbteig verteilen.

■ Den Guss darübergeben.

■ im vorgeheizten Ofen ca. 30 Minuten backen, bis der Mürbteig am Rand leicht braun wird.

Tipp
Früchte, die besonders geeignet sind:
Äpfel (säuerliche Sorte bevorzugt)
Feigen
Ananas
Aprikosen
Blaubeeren
Johannisbeeren
Rhabarber
Birnen

Rhabarber-Ricotta-Kuchen

Sie brauchen:
Springform
(Ø 26 cm)

300 g Mürbteig
(siehe Grundlagen
Seite 11)
1 kg Schmand
250 g Zucker
70 g Vanille-Pud-
dingpulver
2 Eier
Schale einer unbe-
handelten Zitrone
500 g Rhabarber
Butter zum Einfetten

■ Mürbteig nach Grundrezept zubereiten.

■ Backofen auf 170 °C vorheizen.

■ Den Boden einer Springform mit Backpapier auslegen, die Seiten ein wenig mit Butter einfetten.

■ Mürbteig ausrollen und den Boden der Springform damit bedecken. Im Ofen ca. 12 Minuten goldgelb blind backen. Kurz abkühlen lassen.

■ Schmand, Zucker, Vanille-Puddingpulver, Eier und Saft und Abrieb einer Zitrone in einer Schüssel kräftig miteinander verrühren und in die Springform einfüllen.

■ Den Rhabarber waschen und schälen und in ca. 1 cm große Stücke schneiden.

■ Die Rhabarberstücke auf dem Kuchen verteilen und für ca. 45 Minuten bei 160 °C backen. Auskühlen lassen.

Tipp
Das wunderbare an diesem Rezept ist, dass Sie es mit verschiedenen anderen Obstsorten abwandeln können. Probieren Sie doch einmal Varianten mit Johannisbeeren, Mandarinen, Blaubeeren, Brombeeren oder Aprikosen.

Die Fruchttarte ist ein Sommerklassiker –
eisgekühlt kann sie auch mit Prosecco
gereicht werden!

Zwetschgendatschi

Sie brauchen:
Backblech

200 g Mürbteig
(siehe Seite 11)

400 g Hefeteig (siehe
Seite 12)
1,5 kg Zwetschgen
250 g Mascarpone
80 g Honig

▦ Mürbteig und Hefeteig verkneten, ausrollen und auf ein gefettetes Blech geben. Die Zwetschgen entsteinen.

▦ Backofen auf 160 °C vorheizen.

▦ Mascarpone und Honig miteinander verrühren und den Teig damit bestreichen. Zwetschgen dachziegelartig darauflegen.

▦ Den Zwetschgendatschi 45 Minuten im vorgeheizten Ofen backen.

Apfeldatschi

Sie brauchen:
Backblech

200 g Mürbteig
(siehe Seite 11)
400 g Hefeteig (siehe
Seite 12)

1,5 Äpfel (Jonagold)
250 g Mascarpone
80 g Honig

▦ Mürbteig und Hefeteig verkneten, ausrollen und auf ein gefettetes Blech geben.

▦ Äpfel schälen, entkernen und in Spalten schneiden.

▦ Backofen auf 160 °C vorheizen.

▦ Mascarpone und Honig miteinander verrühren und den Teig damit bestreichen. Apfelspalten daraufsetzen.

▦ Den Apfeldatschi 45 Minuten im vorgeheizten Ofen backen.

„Datschi" ist die bayerisch-österreichische Bezeichnung für einen Blechkuchen, in dessen Teig die Früchte – meist Zwetschgen, aber auch Äpfel oder Aprikosen – hineingedrückt bzw. „hineingedetscht" werden. In der originalen Form wird der Datschi ohne Streusel zubereitet.

Aprikosendatschi

Sie brauchen:
Backblech

200 g Mürbteig
(siehe Seite 11)
400 g Hefeteig (siehe
Seite 12)

1,5 kg Aprikosen
100 g Marzipan
100 g Butter

▦ Mürbteig und Hefeteig verkneten, ausrollen und auf ein gefettetes Blech geben. Marzipan und zimmerwarme Butter verrühren und aufstreichen.

▦ Backofen auf 160 °C vorheizen.

▦ Aprikosen entkernen und auf den Teig setzen.

▦ Den Aprikosendatschi etwa 45 Minuten im vorgeheizten Ofen backen.

Tipp
Wer seinen Datschi lieber mit Streusel isst, kann sich Streusel nach dem Grundrezept auf Seite 13 darüberstreuen.

Dreimal im Strudel-Himmel
Strudelteig

Sie brauchen:
Rollholz

250 g Mehl
20 g Öl
2 g Salz (knapper
1/2 TL)
125 ml lauwarmes
Wasser
1 Ei
Mehl zum Bestäuben
Öl zum Bestreichen

■ Aus den Zutaten einen Teig kneten und gut durcharbeiten. Der Teig ist anfänglich zäh und klebrig, wird aber durch das weitere Kneten auf der vorerst unbemehlten Arbeitsfläche allmählich geschmeidiger.

■ Den Teig zu einer Kugel formen und mit Öl bestreichen. 20 bis 30 Minuten ruhen lassen.

■ Den Teig auf einer bemehlten Fläche so dünn wie möglich (rechteckig) ausrollen. Um den Strudelteig noch dünner zu bekommen wird er nun mit den bemehlten Händen vorsichtig und möglichst gleichmäßig in jede Richtung papierdünn ausgezogen. Den Teig auf ein sauberes, bemehltes Tuch legen.

Apfelstrudel

Sie brauchen:
sauberes Tuch

Strudelteig (siehe oben)

50 g Butter
100 g Semmelbrösel
1,5 kg Äpfel (z.B. Jonagold oder Boskop)
120 g Zucker
1/2 TL Zimt
60 g Rumrosinen
(Rosinen, die einen Tag in braunem Rum eingelegt sind)
100 g Butter, flüssig, zum Bestreichen

■ Butter in einer Pfanne erhitzen und die Semmelbrösel darin goldgelb anrösten. Zucker und Zimt dazugeben.

■ Den fertig ausgerollten und auf einem Tuch liegenden Strudelteig zu 2/3 der Höhe mit der Semmelbrösel-Zucker-Mischung bestreichen. Das oberste Drittel bleibt frei.

■ Die Äpfel schälen, entkernen und in dünne Scheiben schneiden. Die blättrig geschnittenen Apfelscheiben und die Rumrosinen auf der Mischung verteilen. Das letzte Drittel des Teiges mit flüssiger Butter bestreichen. Backofen auf 175 °C vorheizen.

■ Den belegten Strudelteig von unten her mit dem Tuch hochheben und langsam Stück für Stück nach oben aufrollen. Nun den Strudel mit der Teignaht nach unten auf ein schwach gefettetes oder mit Backpapier ausgelegtes Blech setzen. Mit flüssiger Butter bestreichen und im Backofen ca. 45 Minuten backen.

■ Nach dem Backen den heißen Strudel noch einmal mit flüssiger Butter dünn bestreichen, um den Teig geschmeidiger zu machen. Vor dem Servieren mit Puderzucker bestäuben.

Tipp
Apfelstrudel schmeckt sowohl warm als auch kalt. Besonders gut passt zum Apfelstrudel Vanillesauce oder Vanilleeis.

Birnen-Schokoladen-Strudel

Sie brauchen:
sauberes Tuch

Strudelteig (siehe Seite 54)

700 g Birnen
100 g dunkle Kuvertüre
50 g geriebene Haselnüsse
50 g Semmelbrösel
150 g Zucker
1 Messerspitze Zimtpulver
50 g zerlassene Butter

▓ Strudelteig nach Anleitung zubereiten.

▓ Die Birnen schälen, entkernen, in dünne Scheiben schneiden.

▓ Die Kuvertüre auf einer Reibe klein reiben (wenn man die Arbeit scheut, kauft man eine Tüte Schokoraspeln).

▓ Die Birnen, die geriebene Schokolade und Haselnüsse, die Semmebrösel, den Zucker und den Zimt miteinander vermischen.

▓ Den Backofen auf 170 °C vorheizen.

▓ Den Strudelteig knapp zu 2/3 mit der Birnenmasse belegen.

▓ Den belegten Strudelteig von unten her mit dem Tuch hochheben und langsam Stück für Stück nach oben aufrollen.

▓ Nun den Strudel mit der Teignaht nach unten auf ein schwach gefettetes oder mit Backpapier ausgelegtes Blech setzen. Mit flüssiger Butter bestreichen und im Backofen ca. 45 Minuten backen.

▓ Nach dem Backen den heißen Strudel noch einmal mit flüssiger Butter dünn bestreichen, um den Teig geschmeidiger zu machen. Vor dem Servieren mit Puderzucker bestäuben.

Ein Tipp noch zum Strudelteig:
Wenn man den Aufwand mit dem Strudelteig scheut, können die hier beschriebenen Strudelrezepte auch mit fertigem Blätterteig zubereitet werden.

Am besten verwenden Sie für die hier beschriebenen Birnenrezepte reife Williams-Birnen, da sie sich vom Geschmack und von ihrer Konsistenz gut zum Backen eignen. Als Variante können Sie auch einen Schoko-Kirsch-Strudel probieren, in dem Sie die Birnen durch Kirschen ersetzen.

Millirahmstrudel

▦ Strudelteig nach Anleitung zubereiten.

▦ Die zimmerwarme Butter mit 50 g Zucker, den Vanillezucker, dem Salz und der Zitronenschale mit einem Handrührgerät 5 bis 10 Minuten schaumig rühren. Die Eigelbe nach und nach zugeben. Quark, Sauerrahm und das Mehl in die Masse geben und verrühren, wenn gewünscht die Rosinen dazugeben.

▦ Das Eiweiß mit dem restlichen Zucker zu Schnee schlagen, vorsichtig unter die Quarkmasse heben und miteinander verrühren.

▦ Den Backofen auf 170 °C vorheizen.

▦ Den Strudelteig knapp zur Hälfte mit der Quarkmasse bestreichen.

▦ Den bestrichenen Strudelteig von unten her mit dem Tuch hochheben und langsam Stück für Stück nach oben aufrollen. Die Seiten fest verschließen.

▦ Nun den Strudel mit der Teignaht nach unten auf ein schwach gefettetes oder mit Backpapier ausgelegtes Blech oder in eine Reine setzen. Mit flüssiger Butter bestreichen und im Backofen ca. 45 Minuten backen.

▦ Nach dem Backen den heißen Strudel noch einmal mit flüssiger Butter dünn bestreichen, um den Teig geschmeidiger zu machen. Vor dem Servieren mit Puderzucker bestäuben.

Marmorkuchen

Sie brauchen:

Kranz- oder Gugel-
hupfform, falls nicht
vorhanden geht
auch eine Kasten-
form

220 g Butter
330 g Zucker
5 Eier
150 ml Milch
100 g Sauerrahm
420 g Mehl
10 g Backpulver
120 g dunkle Kuver-
türe oder Schoko-
lade
Butter zum Einfetten
Puderzucker zum
Bestäuben

▨ Die zimmerwarme Butter zusammen mit dem Zucker mit dem Schneebesen des Handmixers schaumig rühren (siehe Grundlagen Seite 16). Die Eier mit der Milch und dem Sauerrahm vermischen. Das Mehl mit dem Backpulver vermischen.

▨ Zu der Butter-Zucker-Masse abwechselnd in kleinen Schritten die mit Milch und Sauerrahm verrührten Eier und das gesiebte Mehl mit dem Backpulver hinzugeben und mit dem Handmixer schaumig rühren.

▨ Den Backofen auf 180 °C vorheizen.

▨ Die Hälfte der Masse in die mit Butter ausgefettete Form geben. Die dunkle Kuvertüre im Wasserbad schmelzen und unter die zweite Hälfte der Masse rühren. Die Schokoladenmasse ebenfalls in die Kuchenform geben.

▨ Mit einer Gabel unter drehenden Bewegungen die beiden Teigmassen leicht miteinander vermischen, sodass die typische Marmorierung des Kuchens entsteht.

▨ Im Ofen ca. 50 bis 60 Minuten backen (Holzstäbchenprobe). Abkühlen lassen, aus der Form nehmen und mit Puderzucker bestäuben.

Natürlich können Sie auch eine Schokoladenglasur als Überzug verwenden. Durch die Glasur trocknet der Kuchen nicht so schnell aus.

Einer für alle – Schokoladen- kuchen mit Variationen

Zart, schmelzend, unwiderstehlich – ein guter Schokoladenkuchen ist das wichtigste Handwerkszeug eines Konditors. Wir zeigen Ihnen, wie man mit einem an sich schon großartigen Kuchen fantastische Variationen machen kann. So können Sie aus einem Kuchen immer wieder Neues zaubern. Das Schöne ist, dass der Ausgangskuchen wunderbar einfach ist und man meist alle Zutaten zu Hause hat. Lassen Sie bei den Variationen ruhig ihrer Fantasie freien Lauf …

Schokoladenkuchen – das Original

Sie brauchen:
Springform
(Ø 26 cm)

200 g dunkle Kuvertüre
100 g Butter
150 g Zucker
3 Eier
3 EL Mehl
Puderzucker zum Bestäuben

▦ Die Schokolade im Wasserbad oder in der Mikrowelle schmelzen, die Butter und den Zucker dazugeben und unter Rühren zergehen lassen.

▦ Nach und nach die 3 Eigelb und das Mehl unter die Masse rühren. Eiweiße steif schlagen und vorsichtig unterheben.

▦ Den Boden einer Springform mit Backpapier bedecken, die Seiten mit etwas Butter einfetten. Den Teig einfüllen und in den kalten Ofen geben. Dann auf 200 °C erhitzen (Umluft 180 °C) und 40 bis 45 Min backen. Ob der Kuchen fertig ist, kann man am besten mit einem Holzstäbchen prüfen (siehe Grundlagen).

▦ Den Kuchen auskühlen lassen, aus der Form nehmen und mit Puderzucker bestäuben.

Variation 1: Schoko-Beeren-Kuchen

Sie brauchen:
fertiger Schokoladenkuchen (siehe oben)

Himbeerkonfitüre oder 250 g geschlagene Sahne
400 g frische Beeren
Puderzucker zum Bestreuen

▦ Himbeerkonfitüre oder eine dünne Schicht geschlagener Sahne auf dem fertigen, abgekühlten Kuchen verstreichen.

▦ Mit frischen Beeren belegen und ein klein wenig mit Puderzucker bestreuen.

▦ Bei Tiefkühl-Beeren sollte man zudem einen Tortenguss verwenden. Den Guss nach Anleitung zubereiten und über die Beeren geben. Im Kühlschrank auskühlen lassen, bis der Guss fest ist.

Variation 2: Schoko-Himbeer-Quark-Kuchen

Sie brauchen:
fertiger Schokoladenkuchen (siehe Seite 60)

500 g Quark (20 %)
250 g Sahne
400 g Himbeeren
100 g Ahornsirup
evtl. Himbeerkonfitüre
6 Blatt Gelatine

■ Den Quark mit der geschlagenen Sahne vorsichtig vermischen, Himbeeren unterrühren.

■ Ahornsirup nach Belieben vorsichtig erwärmen und 6 Blatt in kaltem Wasser eingeweichte Gelatine darin auflösen.

■ 2 bis 3 EL der Quarkmischung in die Sirup-Gelatine-Lösung rühren und das Ganze in die Quarkmasse geben. Auf dem Kuchen verteilen und mehrere Stunden im Kühlschrank kühlen.

Tipp
Wer einen noch intensiveren Himbeergeschmack möchte, kann den Boden mit Himbeerkonfitüre bestreichen.

Variation 3: Schoko-Orangen-Kuchen

Sie brauchen:
fertiger Schokoladenkuchen (siehe Seite 60)

Orangenmarmelade
200 g dunkle Kuvertüre
100 g fein gehacktes Orangeat
Abrieb einer unbehandelten Orange

■ Den fertigen Kuchen mit einer Schicht guter Orangenmarmelade bestreichen.

■ Dunkle Kuvertüre im Wasserbad schmelzen und temperieren (siehe Grundlagen Seite 17) und über den fertigen Kuchen gießen.

■ Nach dem Abkühlen und Erhärten der Schokolade den Kuchen mit kandierten Orangenstücken garnieren.

■ Sollte man den Kuchen noch etwas „orangiger" haben wollen, dann kann man auch 100 g fein gehacktes Orangeat und den Abrieb einer unbehandelten Orange in den Teig geben, bevor der Kuchen gebacken wird.

Das geht natürlich auch mit einer anderen Marmelade oder Konfitürensorte. Sie sollte allerdings nicht zu süß sein, damit es noch einen gewissen geschmacklichen Kontrast gibt. Sehr lecker ist auch Ingwerkonfitüre.

Variation 4: Schoko-Himbeer-Ingwer-Schnitten

Sie brauchen:
fertiger Scho-
koladenkuchen
(siehe Seite 60), in
rechteckiger Form
gebacken

250 g Himbeeren
einige Blätter frische
Minze
haselnussgroßes
Stück Ingwer
400 g dunkle Kuver-
türe
100 g kandierter
Ingwer

Für diese Version den Kuchen am besten in einer rechteckigen Form zubereiten. Je nach Größe der Form muss die Teigmenge angepasst bzw. erhöht werden.

◼ 250 g Himbeeren (frisch oder TK) pürieren und mit kleinge-schnittener frischer Minze und geriebenem frischen Ingwer ver-mischen.

◼ In etwas aufgefangenem Himbeersaft 3 Blatt eingeweichte Ge-latine erwärmen und auflösen. In das Himbeerpüree geben und auf den ausgekühlten Schokokuchen streichen. Im Kühlschrank fest werden lassen.

◼ Wenn die Fruchtschicht fest ist, in Würfel oder Riegel schnei-den. 400 g dunkle Kuvertüre im Wasserbad schmelzen und tem-perieren (siehe Grundlagen Seite 17). Die Riegel mit einer Gabel in die Kuvertüre tauchen und auf einem Kuchengitter abtropfen lassen. Mit kandiertem Ingwer belegen.

Natürlich geht es auch einfacher: Man bereitet das Himbeer-Minz-Ingwer-Püree wie beschrieben zu und reicht es einfach als Fruchtsauce zu dem Originalkuchen.

Variation 5: Schokokuchen mit Rotweinbirnen

Sie brauchen:
Teig für den Schoko-
ladenkuchen (siehe
Seite 60)

300 g Birnen
250 ml Rotwein
3 Stück Sternanis
1 Prise Zimt
2–3 Nelken
200 g dunkle Kuver-
türe oder Puderzu-
cker

◼ Birnen schälen, entkernen und in dünne Spalten schneiden. Den Rotwein mit Zimt, Nelken und Sternanis aufkochen.

◼ Die Birnen in den kochenden Wein geben und 5 Minuten zuge-deckt köcheln. Birnen herausnehmen und etwas abkühlen lassen.

◼ Teig nach Rezept zubereiten und in die Springform geben. Mit den Birnenspalten belegen und wie beschrieben backen. Vorsicht: Die Backzeit wird wahrscheinlich 5 Minuten länger sein – machen Sie die Probe mit dem Holzstäbchen (siehe Grundla-gen Seite 16). Abkühlen lassen und entweder mit Puderzucker bestreuen oder mit Schokoglasur bestreichen: Dafür zu gleichen Teilen Puderzucker und geschmolzene dunkle Kuvertüre vermi-schen und über den Kuchen geben, oder aus Puderzucker und dem Rotwein (lauwarm) einen Zuckerguss zubereiten und über die Birnen geben.

Variation 6: Schokokuchen mit Chili

Sie brauchen:
Teig für Schokoladenkuchen (siehe Seite 60)

1/4 TL Cayennepfeffer
nach Belieben Vanilleeis

■ Bei der Zubereitung des Schokoladenkuchens in die geschmolzene Schokolade-Butter-Mischung Cayennepfeffer geben, ca. 1/4 TL – mehr oder weniger, je nachdem, wie scharf es sein darf. 1/4 TL ist eine ordentlich merkbare Schärfe. Schokoladen-Chili-Kombinationen sind Huldigungen an den südamerikanischen Ursprung der Schokolade. Sehr lecker mit kühlendem Vanilleeis!

Variation 7: Chocolate-Chip-Kuchen mit Marshmallows

Sie brauchen:
Teig für Schokoladenkuchen (siehe Seite 60)

50 g Marshmallows
120 g Chocolate-Chips
Schokolinsen, Zuckerperlen etc. zum Dekorieren

■ Kleine Marshmallows, am besten in Rosinengröße zubereiten (siehe Rezept Seite 152).

■ Mit dem Unterheben des Eischnees (siehe Grundrezept Schokoladenkuchen) Marshmallows und Chocolate-Chips mit dazugeben. Den fertigen Kuchen am besten mit Kuvertüre (geschmolzen und temperiert) überziehen und mit bunten Schokolinsen, farbigen Perlen etc. belegen.

Variation 8: Schoko-Bananen-Kuchen

Sie brauchen:
Teig für Schokoladenkuchen (siehe Seite 60)

2 reife Bananen
Saft einer 1/2 Zitrone
Puderzucker zum Bestäuben oder Konfitüre und Kokosraspeln

■ Den Teig für den Schokoladenkuchen nach Anleitung zubereiten. Zwei reife Bananen mit einer Gabel zerquetschen, etwas Zitronensaft dazugeben. Die Hälfte des Teigs in die Springform einfüllen. Dann vorsichtig eine Schicht Bananenmasse daraufgeben und den restlichen Teig darübergeben, sodass von der Bananenmasse nichts mehr zu sehen ist. Nach Vorschrift backen (Holzstäbchentest).

■ Warm mit Puderzucker bestäuben. Wer es etwas karibischer mag, kann den Kuchen mit einer Bananenkonfitüre (oder Mango oder …) bestreichen und dann mit leicht in der Pfanne angerösteten Kokosraspeln bestreuen.

Variation 9: Schoko-Eierlikör-Kuchen für Erwachsene

Sie brauchen:
fertiger Schokoladenkuchen (siehe Seite 60)

100 ml Eierlikör
100 g Sahne
2 Blatt Gelatine

▧ 50 ml Eierlikör und 100 g geschlagener Sahne vermischen. Zusätzlich etwas Eierlikör erwärmen und zwei Blatt eingeweichte Gelatine darin auflösen, in die Likör-Sahne-Mischung einrühren und über den Kuchen geben. Kalt stellen.

Variation 10: Schokoladenkuchen mit Vanillesauce

▧ Schokoladenkuchen nach dem Grundrezept zubereiten und mit Puderzucker bestäuben.

▧ Dann eine Vanillesauce nach folgendem Rezept zubereiten und als Dessert zum Schokoladenkuchen reichen.

Vanillesauce – Klassisches Rezept

Ergibt 1/2 l Sauce

1 Vanilleschote
4 Eigelb
200 ml Milch
200 g Sahne
80 g Zucker

▧ Vanilleschote längs aufschlitzen und mit einem spitzen Messer das Mark herauskratzen. Die Eigelbe mit etwas kalter Milch verquirlen. Die restliche Milch zusammen mit der Sahne, dem Zucker, dem Vanillemark und der ausgekratzten Schote aufkochen. Den Topf vom Herd nehmen und die Eigelbmasse unter ständigem Rühren in die heiße Milch rühren bis sie leicht andickt.

Vanillesauce – die Variante ohne Ei

Ergibt 1/2 l Sauce

1/2 Päckchen Vanille-Puddingpulver
2 EL Zucker
250 ml Milch
250 g Sahne
1 EL Vanillezucker

▧ Puddingpulver und Zucker mit ein wenig kalter Milch anrühren. Auf diese Art klumpt der Pudding weniger. Die restliche Milch aufkochen und mit der Puddingpulver-Mischung einen Pudding zubereiten, Sahne und Vanillezucker nach und nach klumpenfrei unterrühren.

Mohn-Aprikosen-Kuchen mit Florentinermasse

Sie brauchen:
Springform
(Ø 26 cm)

300 g Mürbteig
(siehe Grundrezept
Seite 11)

100 g Zucker
30 g Honig
300 ml Milch
300 g gemahlener
Mohn
100 g gemahlene
Mandeln
1/2 TL Zitronenab-
rieb
1/2 TL Zimtpulver
(gestrichener TL)
400 g Schmand oder
Quark
2 Eier
1/2 Päckchen Vanille-
Puddingpulver

600 g frische Apri-
kosen oder 1 Dose
leicht gezuckerte
Aprikosenhälften

70 g Sahne
70 g Zucker
10 g Butter
10 g Honig
100 g gehobelte
Mandeln

▮ Den Mürbteig nach Anleitung zubereiten und ruhen lassen.

▮ Backofen auf 180 °C vorheizen.

▮ 2/3 des Mürbteigs ausrollen und den Boden einer Springform damit bedecken. Im vorgeheizten Ofen 8 bis 10 Minuten gold-gelb vorbacken. Auskühlen lassen.

▮ Mit dem restlichen Mürbteig den gefetteten Rand der Spring-form auskleiden.

▮ Für die Mohnfüllung Zucker, Honig und Milch in einem Topf aufkochen. Den gemahlenen Mohn, die gemahlenen Mandeln, Zitronenabrieb und Zimtpulver dazugeben, gut verrühren und vom Herd nehmen. Etwas abkühlen lassen.

▮ Den Schmand, die Eier und das Vanille-Puddingpulver unter-rühren. In die Springform geben, glatt streichen.

▮ Die entkernten, halbierten Aprikosen mit der Schnittfläche nach unten gleichmäßig auf der Mohnmasse verteilen.

▮ Im vorgeheizten Ofen bei ca. 170 °C 35 Minuten backen. Da-nach wird der Kuchen kurz aus dem Ofen genommen und mit der Florentinermasse versehen.

▮ Diese Florentinermasse bereiten Sie zu, während der Kuchen die erste Backzeit im Ofen ist. Dazu geben Sie die Sahne, den Zucker, die Butter und den Honig in einen Topf und kochen die Masse unter Rühren auf. Achtung, der Zucker brennt besonders am Anfang leicht an.

▮ Die Masse ca. 3 Minuten einkochen lassen, bis sie ein wenig zähflüssiger wird. Die gehobelten Mandeln einrühren und vom Herd nehmen.

▮ Nach den ersten 35 Minuten Backzeit den Kuchen aus dem Ofen nehmen und mit einem Teelöffel die Florentinermasse häufchenweise gleichmäßig auf dem Kuchen verteilen.

▮ Nochmals in den Ofen geben und weitere ca. 15 Minuten ba-cken, bis die Florentinermasse leicht gebräunt ist.

Tipp
Vor dem Anschnei-den unbedingt abkühlen lassen.

Apfelkuchen mit Weincreme

Sie brauchen:
Springform
(Ø 26 cm)

300 g Mürbteig
(siehe Grundrezept
Seite 11)

1,4 kg geschälte und
entkernte Äpfel
130 g Zucker
40 g Speisestärke
1 Prise Zimtpulver
80 g Butter
80 g Rosinen
2 cl Rum

250 g Weißwein
140 g Zucker
10 g Vanillezucker
1 Schuss Zitronen-
saft
4 Eigelb
4 Blatt Gelatine
250 g Sahne

▓ Mürbteig nach Anleitung zubreiten und ruhen lassen.

▓ Den Backofen auf 180 °C vorheizen.

▓ Mürbteig dünn ausrollen und den Boden und die Seiten einer gefetteten Springform damit auskleiden. Der Teig wird im Ofen blind gebacken: Dazu deckt man den Teig mit Backpapier ab und beschwert ihn mit getrockneten Hülsenfrüchten wie Linsen oder Erbsen. Der Teig wird 15 bis 20 Minuten gebacken bis er goldgelb wird. Herausnehmen und abkühlen lassen.

▓ Die vorbereiteten Äpfel hobeln. Mit Zucker, Stärke und Zimtpulver vermischen. Die Butter in einem kleinen Topf schmelzen und zusammen mit Rosinen und dem Rum unter die gehobelten Äpfel mischen.

▓ Die Apfelmasse in die Springform auf den abgekühlten Mürbteig geben.

▓ In den vorgeheizten Ofen geben und ca. 30 Minuten backen. Herausnehmen und abkühlen lassen.

▓ In einem Topf den Weißwein mit Zucker, Vanillezucker und einem Schuss Zitronensaft aufkochen, vom Herd nehmen. Die Eigelbe mit 5 EL der Weinmischung verrühren, danach das vermischte Eigelb in den heißen Wein einrühren. Unter Rühren solange wieder erwärmen bis die Masse einmal aufkocht. Vom Herd nehmen und vollständig abkühlen lassen.

▓ Gelatine in kaltem Wasser einweichen. Die Sahne mit dem Schneebesen des Handrührgerätes steif schlagen, ein paar EL Sahne zurückbehalten. Die zurückbehaltene Sahne erwärmen und die Gelatine darin auflösen. Die aufgelöste Gelatine in die abgekühlte Weincreme geben, danach die geschlagene Sahne unterziehen.

▓ Die Weincreme auf den abgekühlten Apfelkuchen geben und glatt streichen.

▓ Im Kühlschrank mindestens 1 Stunde auskühlen lassen.

Eierlikörkuchen mit Schokolade und Mandel

Sie brauchen:
Kranzform

5 Eier
250 g Zucker
10 g Vanillezucker
250 ml Raps- oder
Sonnenblumenöl
(jeweils in guter
Qualität)
250 ml Eierlikör
50 g Speisestärke
150 g Mehl
1 Päckchen
Backpulver
50 g geraspelte
Schokolade oder
Kuvertüre
50 g geriebene
Mandeln
Semmelbrösel zum
Einstreuen
Puderzucker zum
Bestäuben

▨ Eier und Zucker cremig schlagen. Öl und Eierlikör langsam zugeben und verrühren. Mehl, Speisestärke und Backpulver sieben. Schokoladenraspel und Mandel unter das Mehlgemisch rühren und anschließend unter die Eiermasse heben.

▨ Backofen auf 175 °C vorheizen.

▨ Kranzform gut einfetten und mit Semmelbrösel leicht einstreuen. Teig einfüllen und im vorgeheizten Backofen 80 Minuten backen. Sollte der Kuchen an der Oberfläche dunkel werden, Temperatur etwas reduzieren.

▨ Nach dem Abkühlen mit Puderzucker bestäuben.

▨ Man kann auch eine einfachere Version ohne Schokolade und Mandeln machen. Dann bereitet man den Kuchen so zu, wie oben beschrieben und erhöht einfach die Menge Mehl auf 200 g. Ebenfalls köstlich …

Semmelbrösel in der gefetteten Form sind bei Rührkuchen eine gute Möglichkeit, um den Kuchen nach dem Backen leichter aus der Form zu bekommen.

Sehr schön ist es, den Teig nicht als Ganzes in eine Form zu geben, sondern portioniert in Weckgläser zu füllen. Die Backzeit muss natürlich entsprechend angepasst werden und richtet sich nach der Glasgröße. Bei einem kleinen Weckglas, das ca. 1 Portion entspricht, ist die Backzeit ungefähr halb so lang (40 Minuten). Gewissheit lässt sich mit einem Holzstäbchen erlangen (siehe Grundlagen Seite 16).

Zu jeder der Varianten passt kalte, geschlagene Sahne mit Vanillezucker oder – noch besser – mit einem Schuss Eierlikör.

Rotweinkuchen

Sie brauchen:
Gugelhupfform

250 g Butter
250 g Zucker
10 g Vanillezucker
4 Eigelb
4 Eiweiß
10 g Kakaopulver
125 ml Rotwein
250 g Mehl
1 Päckchen
Backpulver
100 g geraspelte
Schokolade
Puderzucker zum
Bestäuben

■ Butter mit 150 g Zucker und dem Vanillezucker schaumig rühren. Nach und nach die Eigelbe, den Kakao und den Rotwein dazurühren.

■ Eiweiße mit den restlichen 100 g Zucker schaumig schlagen. Die Hälfte des Eischnees unter die Buttermasse rühren. Mehl und Backpulver vermischen und in die Masse sieben, damit keine Klumpen entstehen. Unterrühren, dann den restlichen Eischnee und die geraspelte Schokolade unterziehen.

■ Backofen auf 180 °C vorheizen.

■ Die Teigmasse in eine gefettete und bemehlte (oder mit Semmelbrösel ausgestreute) Gugelhupfform geben und ca. 45 Minuten backen. Nach dem Abkühlen mit Puderzucker bestäuben.

Die kräftige und leicht schokoladige Note des Rotweinkuchens macht ihn auch zum idealen Kandidaten für die Adventszeit. Dafür 1 TL Zimt oder Lebkuchengewürz dazugeben, und man hat den perfekten Begleiter zum Glühwein …

Tipp
Auch als kleiner
Kuchen mit Feigen
köstlich

Stachelbeersand

Sie brauchen:
Backblech

400 g Sahne
200 g Zucker
10 g Vanillezucker
Abrieb einer 1/2
Zitrone
5 Eier
400 g Mehl
1 Päckchen Back-
pulver
50 g Speisestärke
1 Prise Salz
1 kg Stachelbeeren
(oder nach Belieben
andere Beeren)
50 g Zucker zum
Bestreuen

▓ Sahne, Zucker, Vanillezucker und Zitronenabrieb vermischen und mit einem Handrührgerät halb steif schlagen. Eier nach und nach unterrühren.

▓ Mehl, Backpulver und Speisestärke miteinander vermischen, durch ein Sieb in die Sahnemasse geben und unterrühren.

▓ Den Backofen auf 180 °C vorheizen.

▓ Ein Backblech einfetten oder mit Backpapier belegen. Bei Backpapier ist aber zu beachten, dass der Kuchen auf dem Blech geschnitten wird und manchmal das Papier am Kuchen haftet.

▓ Den Teig glatt auf das Blech aufstreichen. Die Beeren gleichmäßig darauf verteilen und im Ofen ca. 35 Minuten backen.

▓ Nach dem Backen mit Zucker bestreuen und abkühlen lassen. Den Kuchen in Schnitten schneiden.

▓ Der Kuchen schmeckt besonders gut mit einer halb steif geschlagenen Zimtsahne!

Tipp
Statt Stachelbeeren können Sie auch Blaubeeren, Johannisbeeren, Brombeeren, Himbeeren, Rhabarber, Aprikosen oder Zwetschgen verwenden.

Der Clou an diesem Kuchen ist, dass hier die Butter durch die Sahne ersetzt wird, was dem Kuchen eine etwas saftigere Konsistenz verleiht.

Linzer Kuchen

▨ Die zimmerwarme Butter mit dem Zucker cremig rühren. Nach und nach die Eier dazugeben. Zimt- und Nelkenpulver, Zitronenabrieb, Rum und Haselnüsse unterrühren.

▨ Das Mehl mit dem Backpulver vermischen und in die Masse geben, am besten hineinsieben, um Klumpen zu vermeiden, und verrühren.

▨ Den Backofen auf 170°C vorheizen.

▨ Eine Springform fetten und leicht bemehlen. Gut die Hälfte des Teigs in die Form geben und die Oberfläche glatt streichen.

▨ Den restlichen Teig gibt man in einen Spritzbeutel mit Lochtülle (sollte der Teig etwas zu fest geraten sein, kann man ihn mit etwas Milch wieder geschmeidiger machen). Mit dem Spritzbeutel am Rand der Springform entlang einen Ring aufspritzen.

▨ Die Himbeerkonfitüre glatt rühren (Sie können natürlich auch eine andere, aber vorzugsweise rote Konfitüre verwenden) und den Teigring damit füllen und glatt streichen.

▨ Mit dem restlichen Teig auf diesem Konfitürenspiegel ein regelmäßiges Gitter aufspritzen. Das Ei verquirlen und das Teiggitter vorsichtig mit einem Backpinsel mit dem Ei bestreichen.

▨ In den vorgeheizten Ofen geben und ca. 50 Minuten backen. Auskühlen lassen.

Köstlich ist es auch, wenn der Rüeblikuchen – statt der Aprikotierung – mit einer Zuckerglasur aus Puderzucker und Zitronensaft überzogen wird.

Rüeblikuchen

■ Eigelbe, Zucker, Vanillezucker, Zitronenabrieb und Zimtpulver vermengen und mit dem Schneebesen eines Handmixers schaumig rühren.

■ Eiweiße, restlicher brauner Zucker und die Prise Salz steif schlagen. Die geriebenen Karotten, das Mehl und die geriebenen Mandeln vermischen.

■ Etwa ein Drittel des Eischnees vorsichtig unter die Eigelb-Zucker-Masse heben, danach ein Drittel der Karotten-Mandel-Masse. Dies wiederholen, bis alles miteinander vermengt ist.

■ Den Backofen auf 170 °C vorheizen.

■ Die Karottenmasse in die gefettete Springform geben und etwa 40 Minuten backen. Auskühlen lassen.

■ In einem kleinen Topf etwas Aprikosenkonfitüre erhitzen, bis sie kurz aufkocht. Den fertigen, leicht ausgekühlten Kuchen mit der heißen Aprikosenkonfitüre bepinseln (aprikotieren).

■ Klassisch wird der Rüeblikuchen noch mit kleinen Marzipankarotten verziert.

Rüeblikuchen oder Rüeblitorte ist eine klassische Schweizer Kuchenspezialität aus dem Aargau – wobei „Rüebli" die alemannische Bezeichnung für Karotte ist. Die Rübelitorte wird zwar in der gesamten Schweiz, insbesondere in der Deutschschweiz hergestellt und konsumiert, wird aber vom Ursprung her dem Kanton Aargau zugeordnet, der scherzhaft auch Rüebliland genannt wird. Bekannt wurde sie besonders nach dem zweiten Weltkrieg, als die Bäcker bevorzugt gesunde Produkte herstellen wollten.

Mandelkuchen

Sie brauchen:
Kastenform

5 Eigelb
200 g Zucker
50 g Marzipanrohmasse
50 g Mehl
50 g Speisestärke
100 g gemahlene Mandeln
2 EL Amaretto
150 g zerlassene Butter
Mehl zum Ausstreuen der Form
20 g gehobelte Mandeln
200 g dunkle Kuvertüre

▨ Marzipan in kleine Stücke schneiden oder raspeln. Die Eigelbe, Zucker und Marzipan in einer Schüssel mit dem Schneebesen des Handmixers schaumig rühren.

▨ Den Backofen auf 170 °C vorheizen.

▨ Mehl, Speisestärke, Mandeln, Amaretto und die flüssige Butter vorsichtig unterheben und in eine mit Butter eingefettete und mit Mehl ausgestreute Kastenform füllen.

▨ Im vorgeheizten Ofen ca. 35 bis 40 Minuten backen.

▨ Durch den hohen Zuckergehalt wird der Kuchen relativ schnell braun. Sollte er für Ihren Geschmack zu braun werden, decken Sie die Oberfläche mit einem Stück Alufolie ab. Machen Sie am Schluss der Backzeit die Holzstäbchenprobe. Aus dem Ofen nehmen und 5 Minuten abkühlen lassen. Aus der Form stürzen.

▨ Die gehobelten Mandeln in einer Pfanne ohne Fett leicht anrösten und abkühlen lassen.

▨ Kuvertüre im einer Metallschüssel im Wasserbad schmelzen und temperieren (siehe Grundlagen Seite 17).

▨ Den abgekühlten Kuchen mit der temperierten Kuvertüre überziehen. Den Kuchen am besten auf ein Stück Backpapier stellen und mit den gerösteten Mandelplättchen bestreuen.

▨ Die Kuvertüre fest werden lassen.

Das Marzipan und der Schokoladenüberzug macht diesen Kuchen sehr saftig. Eine kleine geschmackliche Variation können Sie erzeugen, wenn Sie statt Amaretto Kirschwasser verwenden. Falls Sie den Kuchen alkoholfrei zubereiten wollen, ersetzen Sie den Amaretto durch Mandelsirup oder aber durch Orangensaft.

Apfeltarte mit Ingwer

Sie brauchen:
Tarteform

2 Platten TK-Blätter-
teig (ca. 225 g)
Butter zum Einfetten
der Form
3 große Äpfel (z.B.
Boskop)
3 EL Zimtzucker
(Kristallzucker mit
etwas Zimtpulver
vermischt)
50 g gehackter, kan-
dierter Ingwer
100 g Ingwergelee
2 cl Calvados
50 g gehobelte
Mandeln

▥ Den Blätterteig auftauen lassen.

▥ Auf einer leicht bemehlten Fläche mit dem Rundholz in eine möglichst runde Form ausrollen, sodass Boden und Seitenflächen der gefetteten Tarteform damit bedeckt werden können. Den überstehenden Blätterteig abschneiden.

▥ Den Backofen auf 200 °C vorheizen. Äpfel schälen, entkernen und in dünne Spalten schneiden. Die Spalten gleichmäßig, ziegelartig übereinanderliegend rund auf dem Teig auslegen. Mit Zimtzucker und dem gehackten kandierten Ingwer bestreuen.

▥ Im vorgeheizten Backofen ca. 35 Minuten backen. Etwas auskühlen lassen.

▥ Das Ingwergelee in einem Topf kurz aufkochen, vom Herd nehmen und den Calvados einrühren.

▥ Mandelblättchen in einer Pfanne ohne Fett leicht anrösten, dann etwas abkühlen lassen.

▥ Mit einem Backpinsel das warme Ingwer-Calvados-Gelee auf die Tarte aufstreichen. Die gerösteten Mandelplättchen darüberstreuen und servieren.

Sie können die Apfeltarte natürlich auch mit einem selbstgemachten Apfelgelee bestreichen: Säuerliche Äpfel waschen, trocken reiben, Stiele entfernen. Äpfel mit Schale und Kerngehäuse vierteln und in einen großen Kochtopf geben. 1 l Wasser zufügen, mit Deckel ca. 15 Minuten köcheln, bis die Äpfel anfangen zu zerfallen. Nicht umrühren, da das Apfelgelee sonst trübe wird. Ein großes Sieb mit einem Mulltuch oder sauberen Geschirrtuch auslegen und auf eine große Schüssel stellen. Äpfel in das Tuch gießen und sehr gut abtropfen lassen, aber nicht ausdrücken, da das Gelee sonst eintrübt. Saft wieder in den Topf zurückgießen und ohne Deckel ca. 10 Minuten sprudelnd einkochen lassen. Man erhält ca. 3/4 l Saft, den man mit der entsprechenden Menge Gelierzucker 2:1 zum Gelee kocht und abfüllt. Sie können natürlich auch mit Zimt oder Calvados aromatisieren.

Besondere

Köstlichkeiten

Besondere Anlässe verlangen nach besonderen Köstlichkeiten, die auch einmal aufwändiger sein dürfen. Gebacken, geschichtet, glasiert und verziert sind sie die Königinnen der festlichen Kaffeetafeln.

Sacherwürfel

Sie brauchen:
Kuchengitter

125 g Butter
80 g Puderzucker

6 Eigelbe
125 g dunkle
Kuvertüre
6 Eiweiß
130 g Zucker
1 Prise Salz
125 g Mehl
150 g Aprikosen-
konfitüre
250 g dunkle Kuver-
türe zum Überziehen

▨ Butter und Puderzucker schaumig rühren und die Eigelbe nach und nach dazugeben.

▨ Die dunkle Kuvertüre im Wasserbad auflösen (das geht auch bei wenig Energie in der Mikrowelle) und nicht zu heiß unter die Butter-Eigelb-Masse rühren. Eiweiß und Zucker mit einer Prise Salz zu Schnee schlagen. Den Eischnee abwechselnd mit dem gesiebten Mehl unter die Schokoladenmasse heben.

▨ Den Backofen auf 170 °C vorheizen.

▨ Den Teig auf ein mit Backpapier ausgelegtes Backblech geben und ca. 40 Minuten backen. Der Kuchen wird ein wenig aufgehen und soll nach dem Backen einen Höhe von ca. 2 cm haben. Nach dem Backen herausnehmen und abkühlen lassen.

▨ Den Kuchen in drei gleich große Stücke schneiden. Jedes dieser Stücke auf der Oberseite nach Belieben mit Aprikosenkonfitüre bestreichen. Diese drei Stücke dann exakt übereinander setzen, sodass ein hoher, rechteckiger Kuchen mit Konfitüreschichten entsteht.

▨ Mit einem langen, scharfen Messer dieses Rechteck in regelmäßige Würfel schneiden.

▨ Zum Fertigstellen die Kuvertüre im Wasserbad oder in der Mikrowelle schmelzen. Die Würfel mit der geschmolzenen Kuvertüre überziehen (siehe Grundlagen, Seite 17). Auf einem Kuchengitter abtropfen und auskühlen lassen.

Tipp
Sacherwürfel sind die perfekte Synthese aus Konfekt und Kuchen – klein genug, um nicht als richtiger Kuchen durchgehen zu müssen, und groß genug, um befriedigender als ein oder zwei Pralinen zu sein.

Mit einem Klacks kalter Schlagsahne, gerne auch mit etwas Eierlikör aromatisiert, gibt es wenig, was herrlicher schmeckt.

Käsesahne mit Aprikosen

Sie brauchen:
Springform
(Ø 26 cm), Glasschüssel

100 g Butter
100 g Zucker
2 Eier
110 g Mehl
1/2 Päckchen Backpulver

500 g Quark
170 g Joghurt
100 g Zucker
1 TL Vanillezucker
500 g Sahne
8 Blatt Gelatine
1 Zitrone
2 Eier
40 g Zucker
1 Dose abgetropfte
Aprikosen
eventuell Sahne zum
Verzieren

▦ Das Backrohr auf 160 °C vorheizen. Eine Springform mit Butter ausstreichen und mit Mehl bestäuben.

▦ Die Gelatine in reichlich kaltem Wasser 10 Minuten einweichen.

▦ Die weiche Butter und Zucker mit dem Schneebesen oder der Rührmaschine schaumig rühren. Die Eier nach und nach unterrühren. Mehl und gesiebtes Backpulver mischen und unterheben.

▦ In die vorbereitete Kuchenform geben, glatt streichen und im heißen Ofen 30 bis 40 Minuten backen. Sie können mit der Fingerprobe feststellen ob der Kuchen fertig ist: Wenn der Teig nach leichtem Fingerdruck wieder in die ursprüngliche Form zurückgeht, ist der Teig fertig.

▦ Quark, Joghurt, Zucker und Vanillezucker mit dem Schneebesen verrühren.

▦ Die Sahne steif schlagen, die eingeweichte Gelatine mit dem Saft einer Zitrone in einem Topf erhitzen, bis sich die Gelatine auflöst (siehe Grundlagen Seite 18).

▦ Die Eier mit dem restlichen Zucker schaumig schlagen. Die flüssige Gelatinemischung und die schaumig geschlagenen Eier vermischen. Dadurch wird die Gelatine nicht zu schnell kalt und geliert nicht sofort. Die geschlagene Sahne vorsichtig unter die Quarkmasse heben und dann mit der Eier-Gelatine-Mischung vermengen und homogen verrühren.

▦ Den Tortenboden entweder in eine Glasschüssel oder – herkömmlich – in einen Tortenring geben. Obst nach Belieben auf dem Tortenboden verteilen. Die Quarkmasse darübergeben und glatt streichen. Im Kühlschrank mindestens 4 Stunden kalt stellen.

Tipp
Nach Belieben kann man den Kuchen noch mit Tupfen von geschlagener Sahne verzieren.

Das raffinierte an diesem Rezept – das Sie natürlich auch mit anderen Obstsorten machen können – ist die Zubereitung in der Schüssel. Das sieht nicht nur schön aus – es macht den Kuchen auch leicht transportabel und somit zu einem wunderbaren Mitbringsel.

Tiramisu

Sie brauchen:
Glasschüssel oder
10 Tassen

3 Eier
100 g Zucker
200 g Sahne
500 g Mascarpone
300 ml kalter Kaffee
50 ml Weinbrand
250 g Löffelbiskuits
(fertig gekauft oder
selbst gemacht, sie-
he Rezept Seite 124)
Kakaopulver zum
Bestäuben

■ Die Tiramisu können Sie klassisch in einer größeren Form zu-
bereiten, oder – wie ich – in kleineren Formen, wie z.B. in Tassen.
Das ist gut zu servieren und sieht sehr schön aus, ist aber in der
Zubereitung erst einmal etwas mehr Arbeit.

■ Die Eier und den Zucker im Wasserbad mit einem Handrührgerät warm schlagen bis die Masse ca. 70 °C erreicht — nicht wär-
mer, sonst besteht die Gefahr, dass das Eigelb stockt.

■ Vom Herd nehmen und 5 bis 10 Minuten weiterschlagen bis
die Masse kalt wird. Sie ist dann leicht angedickt und sehr cremig.
Diesen Vorgang nennt man „warm und kalt schlagen".

■ Die Sahne steif schlagen. Die Marcarpone zuerst mit etwas von
der geschlagenen Sahne glatt rühren, dann erst die restliche Sahne und danach die Eier-Zucker-Mischung vorsichtig unterheben.

■ Den Kaffee mit dem Weinbrand vermischen. Wenn man kleinere Portionsförmchen nimmt, dann die Löffelbiskuits nehmen
und in die Kaffee-Weinbrand-Mischung tunken und in die Förmchen schichten. Nimmt man eine größere Form, dann legt man
diese mit den Biskuits aus und tränkt sie dann mit der Kaffee-
Weinbrand-Mischung.

■ Die Mascarponemasse daraufgeben, glatt streichen. Mindestens 2 Stunden kalt stellen.

■ Kurz vor dem Servieren mit dem Kakaopulver bestäuben.

Die klassische Tiramisu-Diskussion ist die um den richtigen Likör. Es
gibt in Italien auch Varianten mit Walnusslikör (Nocino – aus un-
reifen Walnüssen) oder Kaffeelikör. Die am weitesten verbreitete Art
in Italien ist jedoch die hier beschriebene mit Kaffee und Weinbrand.
In Deutschland wird häufig Amaretto genommen, was aber eher eine
deutsche Besonderheit ist. Allen Kreationen ist gleich: Sie schmecken
alle lecker. Welches Ihr Favorit ist, müssen Sie selbst herausfinden.

Passionsfrucht-Mandarinen-Torte

Sie brauchen:
Springform
(Ø 26 cm)

2 schmale Biskuit-
Tortenböden (siehe
Grundlagen Seite 14)
300 g Mürbteig
(siehe Grundlagen
Seite 11)

5 Blatt Gelatine
250 g Vanillepudding
40 g Zucker
250 ml Passions-
fruchtsaft (oder
150 g Fruchtpüree)
500 g Sahne
350 g Dosenmanda-
rinen

▮ Mürbteig nach Beschreibung zubereiten und ruhen lassen.

▮ Den Backofen auf 180 °C vorheizen.

▮ Den Teig anschließend ausrollen und den Boden einer Springform damit belegen. Im Backofen etwa 8 bis 10 Minuten goldgelb backen. Abkühlen lassen.

▮ Die Gelatine einweichen. 100 g Vanillepudding mit Zucker und
175 ml des Fruchtsafts bzw. 100 g des Fruchtpürees glatt rühren.
Die Sahne steif schlagen.

▮ Die Gelatine unter Erwärmen auflösen. 2 bis 3 EL Puddingmasse einrühren, dann die Gelatine-Pudding-Mischung unter den
restlichen Pudding ziehen. Nach und nach die geschlagene Sahne vorsichtig mit einem Schneebesen unterheben.

▮ 2 EL von dem ursprünglichen Vanillepudding auf den Mürbteig streichen, darauf den ersten Biskuitboden geben. Auf dem
Tortenboden die restliche unbehandelte Vanillecreme streichen.

▮ Die Dosenmandarinen abtropfen lassen und gleichmäßig auf
der Vanillecreme verteilen. Ein paar Mandarinen für die Dekorati-
on zurückbehalten. Die Hälfte der Pudding-Sahne-Masse auf die
Mandarinenschicht geben. Den zweiten Tortenboden daraufsetzen. Mit dem restlichen Passionsfruchtsaft oder -püree tränken
bzw. bestreichen. Darauf die restliche Pudding-Sahne-Masse
glatt verstreichen.

Nach Belieben die Torte verzieren,
z. B. mit Sahnetupfen und
Mandarinenscheiben.

Weiße Cappuccino-Mousse-Torte

Sie brauchen:
Springform
(Ø 26 cm)

Schokobiskuit (siehe
Grundlagen Seite 15)

700 g Sahne
70 g Zucker
70 g Espresso-
Bohnen
40 g Läuterzucker
(siehe unten)
4 Blatt Gelatine

■ Sahne und Zucker gemeinsam mit den Espresso-Bohnen in einem Topf vorsichtig aufkochen. Vom Herd nehmen, abkühlen lassen und mindestens 5 Stunden, am besten über Nacht, im Kühlschrank kühl stellen.

■ Einen Schoko-Biskuit-Boden zubereiten.

■ Die durchgezogene Sahne durch ein Sieb in eine Rührschüssel gießen. Die Sahne mit einer Küchenmaschine oder einem Handrührgerät aufschlagen, bis die Sahne steif ist.

■ In einem kleinen Topf den Läuterzucker warm (nicht heiß) werden lassen.

■ Die Gelatine in kaltem Wasser ein paar Minuten einlegen, ausdrücken und dann in dem warmen Läuterzucker auflösen. 1 bis 2 EL der kalten, geschlagenen Sahne in diese Zucker-Gelatine-Mischung geben und verrühren, dann alles unter die restliche Sahne geben.

■ Die Sahne nun zügig, bevor die Gelatine fest wird, in die Kuchenform mit dem Biskuitboden einfüllen und die Oberfläche möglichst glatt streichen. Den Kuchen mindestens 2 Stunden im Kühlschrank fest werden lassen.

■ Den Abschluss kann man je nach Geschmack verschieden gestalten. Die einfachste Variante ist, die Oberfläche mit Kakaopulver zu bestäuben und nach Belieben zu verzieren. Raffinierter und optisch prächtiger ist es jedoch, ein Blatt Gelatine in kaltem Wasser aufzulösen. 80 g Kaffeelikör in einem kleinen Topf etwas erwärmen, die Gelatine darin auflösen und die Mischung vorsichtig über den kalten Kuchen geben. Kühl stellen bis der Gelatinespiegel fest geworden ist.

Läuterzucker ist eine Zuckerlösung, die durch Aufkochen von Zucker und Wasser gewonnen wird. Das Mischungsverhältnis ist immer 1:1. Für dieses Rezept brauchen wir also 20 g Wasser und 20 g Zucker, die wir gemeinsam aufkochen. Läuterzucker kann auch in größerer Menge hergestellt und dann in einer sauberen, verschlossenen Flasche aufbewahrt werden. Für Läuterzucker wird normaler Haushaltszucker (Raffinade-Zucker) verwendet. Läuterzucker dient als Basis für die Herstellung von Sorbets, zum Süßen von Obstsalaten oder auch, wie hier, für Sahnetorten. Der schon flüssige Zucker verbindet sich einfacher mit der Sahne.

Tipp
Dies ist sicherlich ein der prächtigeren Torten – durch den Kaffee weniger für Kinder geeignet, dafür von Erwachsenen umso mehr geschätzt, eignet sie sich auch durch die glatte Oberfläche der Gelatine für alle Arten von Verzierungen.

Spanische Vanille

◾ Marzipanrohmasse mit den Eigelben vermischen und klumpenfrei rühren. Nach und nach Zucker, Vanillezucker und zimmerwarme Butter zugeben und schaumig rühren (siehe Grundlagen Seite 16).

◾ Den Backofen auf 170 °C vorheizen.

◾ Die Eiweiße zusammen mit dem Zucker und der Prise Salz steif schlagen.

◾ Kuvertüre mit einem Messer in kleine Stücke hacken. Das Mehl sieben und mit den gehackten Mandeln und der gehackten Kuvertüre mischen. Das Eiweiß nach und nach vorsichtig unter die Marzipanmasse heben. Die Mehl-Mandel-Kuvertüre-Mischung nach und nach unterziehen.

◾ Das ganze in eine gefettete Springform füllen und im Ofen etwa 35 bis 40 Minuten bei 170 °C backen. Durch das Marzipan dunkelt der Teig im Ofen etwas stärker als normal. Mit dem Holzstäbchen die Probe machen, ob der Teig fertig ist. Sollte er zu dunkel werden, mit Alufolie oder Backpapier die Oberfläche abdecken. Auskühlen lassen.

◾ Den Vanillepudding mit 200 g zimmerwarmer Butter schaumig rühren. Das Marzipan mit 3 EL Rum weichkneten und unter die Vanillecreme rühren.

◾ 75 g Zucker mit 75 ml Wasser vermischen, aufkochen und ca. 3 Minuten köcheln lassen, daraus entsteht Läuterzucker. Diesen Läuterzucker etwas abkühlen lassen und mit weiteren 150 ml Wasser und 50 ml Rum vermischen. Die Mischung verwenden wir als Tränke für die Tortenböden.

◾ Den fertig gebackenen und ausgekühlten Teig aus der Form nehmen und am besten mit einem langen, gezahnten Messer vorsichtig in vier Böden teilen.

◾ Von der Creme ca. 450 g abmessen. Diese Creme kommt als Schicht zwischen die Tortenböden. Dazu den ersten Tortenboden wieder in die Springform geben, mit einem Drittel der abgemessenen Creme bestreichen. Den nächsten Tortenboden darauf geben, mit einem Drittel der Tränke tränken und mit Creme bestreichen. So weiterverfahren bis die vier Tortenböden eingelegt sind. Der obere Tortenboden ist getränkt, aber noch nicht mit Creme bestrichen. Mindestens 30 Minuten kühl stellen.

■ Die Torte wieder aus der Springform nehmen und mit der restlichen Creme bestreichen, sodass Oberfläche und Seite glatt bestrichen sind, und nochmals mindestens 15 Minuten kühl stellen.

■ Für die Canache die Sahne, Milch und den Zucker miteinander aufkochen. Kuvertüre hacken und mit der zimmerwarmen Butter in eine Schüssel geben. Mit der heißen Sahne übergießen und die Kuvertüre darin unter Rühren schmelzen. Etwas abkühlen lassen. Die Torte mit der Canache überziehen und glatt streichen. Im Kühlschrank mindestens 15 Minuten fest werden lassen. Nach Belieben verzieren.

Orangen-Sahne-Roulade mit Kiwi

Sie brauchen:

sauberes Küchentuch

5 Eier
130 g Zucker
150 g Mehl
Kristallzucker zum Bestreuen

8 Blatt Gelatine
150 g Joghurt
60 g Zucker
250 ml frisch gepressten Orangensaft
Abrieb von einer unbehandelten Orange
300 g Sahne
3 Kiwis

Früchte oder Puderzucker zum Garnieren

■ Die Eier trennen. Das Eigelb mit der Hälfte des Zuckers (65 g) schaumig schlagen. Das Eiweiß mit der anderen Hälfte des Zuckers zu einem festen Eischnee schlagen. Nach und nach den Eischnee mit einem Teigschaber vorsichtig unter die Eigelb-Zucker-Masse heben. Anschließend das Mehl auf die Eimasse sieben und nach und nach unterheben.

■ Den Backofen auf 200 °C vorheizen.

■ Die Masse auf ein mit Backpapier ausgelegtes Backblech gleichmäßig aufstreichen. Im vorgeheizten Ofen etwa 8 bis 10 Minuten backen, bis der Biskuit goldgelb gebräunt ist.

■ Ein sauberes Küchentuch mit Kristallzucker bestreuen. Den leicht abgekühlten Biskuit auf das gezuckerte Tuch stürzen und das Backpapier abziehen.

■ Die Gelatine in kaltem Wasser einweichen. Den zimmerwarmen Joghurt mit dem Zucker, dem Orangensaft und dem Orangenabrieb vermischen. Die Sahne steif schlagen. Die Gelatine durch Erwärmen auflösen. Ein paar Löffel der Joghurtmasse zur Gelatine geben, danach die mit Joghurt vermischte Gelatine in die restliche Joghurt-Orangen-Masse geben und vermischen. Die geschlagene Sahne darunterziehen.

■ Die Orangen-Joghurt-Masse auf den abgekühlten Biskuit geben und gleichmäßig verstreichen. An einem schmalen Ende der Roulade einen ca. 5 cm breiten Streifen frei lassen, damit beim Rollen die Masse noch etwas Platz zum Verteilen hat, ohne aus der Roulade auszutreten.

■ Die Kiwis schälen und der Länge nach vierteln. Die Kiwiviertel entlang der schmalen Seite auf die Creme legen.

■ Beginnend von der schmalen vorderen Seite (mit den Kiwis) nun unter Zuhilfenahme des Küchentuchs die Roulade vorsichtig einrollen. Die offene Abschlusskante nach unten setzen, damit die Roulade nicht wieder aufgehen kann.

■ Im Kühlschrank oder an einem möglichst kühlen Ort mindestens 2 Stunden lang durchkühlen und fest werden lassen.

Mit Früchten oder mit Sahnerosetten garnieren oder mit Puderzucker bestäuben. Kurz vor dem Servieren mit einem scharfen gezackten Messer aufschneiden.

Nach Belieben die Torte verzieren,
z. B. mit Sahnetupfen und
Mandarinenscheiben.

Schokoroulade mit Beeren

Sie brauchen:
Backblech, Küchen-
tuch

6 Eier
120 g Zucker
1 Prise Salz
120 g Mehl
4 TL Kakaopulver
Kristallzucker zum
Bestreuen
5 Blatt Gelatine
400 g Sahne
80 g Zucker
2 TL Vanillezucker
2 EL Himbeergeist
250 g gemischte
Beeren (frisch oder
TK)

▓ Den Backofen auf 180 °C vorheizen.

▓ Eier trennen. Eigelb und Zucker schaumig schlagen. Eiweiß mit der Prise Salz zu einem steifen Eischnee schlagen. Mehl und Kakaopulver vermischen und sieben. Die Mehl-Kakao-Mischung abwechselnd mit dem Eischnee nach und nach vorsichtig unter die Eigelb-Zucker-Masse heben. Die Biskuitmasse glatt und gleichmäßig auf ein mit Backpapier ausgelegtes Backblech streichen. Im vorgeheizten Ofen 10 bis 12 Minuten backen.

▓ Ein sauberes Küchentuch, das mindestens die Größe des Backblechs haben soll, mit Kristallzucker bestreuen. Den fertigen Biskuitteig vom Blech nehmen und auf das Tuch stürzen, das Backpapier danach abziehen. Abkühlen lassen.

▓ Die Gelatine in kaltem Wasser einweichen. Die Sahne mit dem Zucker und dem Vanillezucker aufschlagen. Den Himbeergeist in einen kleinen Topf geben und vorsichtig erwärmen, darin dann die ausgedrückte Gelatine auflösen. Ein paar EL der geschlagenen Sahne in die gelöste Gelatine einrühren, dann die gesamte Mischung unter die restliche geschlagene Sahne ziehen. Die Beeren vorsichtig unterheben.

▓ Die Beerensahne auf dem Biskuitteig verstreichen, sodass auf einer der breiten Seiten ein 5 cm breiter Streifen frei bleibt, damit beim Rollen die Masse noch etwas Platz zum Verteilen hat, ohne aus der Roulade auszutreten.

▓ Beginnend mit der breiten vorderen Seite (ohne den Streifen) nun unter Zuhilfenahme des Küchentuchs die Roulade vorsichtig einrollen. Die offene Abschlusskante nach unten setzen, damit die Roulade nicht wieder aufgehen kann.

▓ Im Kühlschrank oder an einem möglichst kühlen Ort mindestens 2 Stunden lang durchkühlen und fest werden lassen.

▓ Die Roulade mit Puderzucker bestäuben und nach Belieben mit etwas geschlagener Sahne und Beeren verzieren. Kurz vor dem Servieren mit einem scharfen gezackten Messer aufschneiden.

Mozartkuppel

Sie brauchen:
Springform
(Ø 26 cm)

5 Eigelb
100 g Zucker
1 TL Vanillezucker
1 Msp. Zitronenabrieb
5 Eiweiß
1 Prise Salz
80 g Mehl
25 g Speisestärke
Butter für die Springform

200 ml Milch
1 TL Vanillezucker
2 Eigelb
50 g Zucker
1/2 Päckchen Vanille-Puddingpulver

400 g Marzipanrohmasse
250 g Puderzucker
50 g geriebene Pistazienkerne

100 g Johannisbeerkonfitüre
5 Blatt Gelatine

400 g Sahne
100 g Nougat (hell oder dunkel nach Belieben)
4 EL brauner Rum

80 g dunkle Kuvertüre

40 g Sahne
40 ml Milch
40 g Zucker
200 g dunkle Kuvertüre
100 g Butter
Rum zum Aromatisieren (nach Belieben)

■ Backofen auf 170 °C vorheizen.

■ Zuerst zwei Biskuitböden herstellen: Dazu die Eigelbe mit der Hälfte des Zuckers (50 g), dem Vanillezucker und dem Zitronenabrieb mit dem Schneebesen des Handmixers schaumig rühren. Eiweiß mit einer Prise Salz und dem restlichen Zucker (50 g) zu Schnee schlagen. Das gesiebte Mehl mit der Speisestärke vermischen. Abwechselnd den Eischnee und das Mehl nach und nach unter die Eigelb-Zucker-Masse heben. Die Masse in eine gefettete Springform geben und im vorgeheizten Ofen ca. 30 Minuten backen. Auskühlen lassen. Wenn der Biskuit ausgekühlt ist, aus der Form nehmen und in der Mitte durchschneiden (siehe Grundlagen Seite 16).

■ Die Vanillecreme kochen: Dazu 200 ml Milch mit dem Vanillezucker in einen Topf geben und aufkochen lassen. Vom Herd nehmen. Eigelbe, Zucker und Vanille-Puddingpulver miteinander verrühren. Die heiße Milch nach und nach in die Eigelbmasse mit einem Schneebesen einrühren. Die gesamte Masse wieder in den Topf geben und noch einmal kurz (!) unter stetem Rühren aufkochen lassen, bis die Masse eine Bindung erreicht. Vorsicht: Wenn die Masse zu lang kocht bzw. zu heiß wird, dann gerinnt das Eigelb. Vom Herd nehmen und abkühlen lassen.

■ Die Marzipanrohmasse mit dem Puderzucker verkneten. Ein Drittel der Masse abschneiden und dieses Drittel mit den geriebenen Pistazienkernen vermischen.

■ Die Torte wird nun zusammengestellt: Dazu nehmen Sie den ersten Biskuitboden und bestreichen ihn mit der Johannisbeerkonfitüre. Das Pistazienmarzipan auf die Größe des Biskuitbodens ausrollen und auf die Konfitürenschicht setzen.

Die Nougatsahne erstellen, dazu ein paar Schritte als Vorbereitung:
■ 3 Blatt Gelatine in kaltem Wasser 10 Minuten einweichen. Die 400 g Sahne steif schlagen, die Hälfte davon für später zurückstellen. Den Nougat in einem Topf zerlassen. Die Hälfte der bereits zubereiteten Vanillecreme abmessen. Nun die ausgedrückte Gelatine mit 2 EL Rum unter Erhitzen auflösen und zu dem geschmolzenen Nougat geben und verrühren. Diese Nougatmasse unter die abgemessene Hälfte der Vanillecreme rühren, und die abgemessene Hälfte der geschlagenen Sahne unterziehen. Diese Nougatsahne gleichmäßig auf dem Pistazienmarzipan verteilen und glatt streichen. Den zweiten Biskuitboden daraufsetzen.

■ Die Schokosahne erstellen: 2 Blatt Gelatine in kaltem Wasser einweichen. Die Kuvertüre im Wasserbad schmelzen. Die vorher zurückgestellte Sahne sowie die zweite Hälfte der Vanillecreme bereitstellen. Die ausgedrückte Gelatine mit 2 EL Rum unter Erhitzen auflösen und in die geschmolzene Kuvertüre geben. Diese Schokoladenmasse mit der Vanillecreme verrühren und die zweite Hälfte der geschlagenen Sahne unterziehen. Diese Schokoladenmasse nun kuppelförmig auf den zweiten Biskuitboden aufstreichen. Dazu verwendet man am besten eine Palette oder ein langes glattes Messer. Die Torte dann im Kühlschrank mindestens 1 Stunde kühlen.

■ Nun den noch nicht verwendeten Marzipan mit einem Rundholz ca. 2 mm dünn rund ausrollen und gleichmäßig über die gekühlte Kuppeltorte legen. Mit den Händen vorsichtig andrücken. Das unten überstehende Marzipan mit einem scharfen Messer abschneiden.

■ Die Canache erstellen: Dazu die Sahne, Milch und den Zucker miteinander aufkochen. Kuvertüre hacken und mit der zimmerwarmen Butter in eine Schüssel geben. Mit der heißen Sahne übergießen und die Kuvertüre darin unter Rühren schmelzen. Etwas abkühlen lassen. Die Torte mit der Canache überziehen und glatt streichen.

■ Im Kühlschrank mindestens 15 Minuten fest werden lassen. Die Kuppeltorte nach Belieben verzieren, z.B. mit gehackten Pistazien den Rand bestreuen und mit weißer oder Vollmilchschokolade überspinnen. Dazu die geschmolzene Schokolade in eine feine Spritztüte geben und die Torte zickzackförmig mit Schokoladenfäden überziehen.

Diese Torte braucht zugegebenermaßen etwas Geduld und Geschick – das Ergebnis ist die Mühe allerdings auf jeden Fall wert, denn die Torte ist äußerst prächtig. Mozart selbst hat sie aber ziemlich sicher so nie gegessen.

Birnen-Baiser-Torte

Sie brauchen:
Springform
(Ø 26 cm)

500 g Mürbteig
(siehe Grundrezept
Seite 11)

700 g geschälte
Birnen
150 ml Birnensaft
30 g Zucker
1 Prise Zimtpulver
20 g Speisestärke
50 g Butter
70 ml Williams-
Birnen-Schnaps
2 EL Zitronensaft

5 Eiweiße
150 g Zucker
1 Prise Salz
50 g gehobelte
Mandeln

■ Mürbteig nach Grundrezept zubereiten und ruhen lassen.

■ Mürbteig 3 mm dick ausrollen und die gefettete Springform damit auskleiden.

■ Birnen schälen, in Stücke schneiden und kurz in einem Topf mit dem Birnensaft oder auch Wasser blanchieren. Die Birnen in einem geschlossenen Topf erhitzen bis die Flüssigkeit zu kochen beginnt, einmal kurz aufkochen. Sollten die Birnen recht hart sein, etwas länger auf dem Herd lassen.

■ Backofen auf 180 °C vorheizen.

■ Birnensaft vom Blanchieren, Zucker und Zimt aufkochen. Stärke mit kaltem Wasser mischen und in den kochenden Saft einrühren. Kurz aufkochen lassen.

■ Butter in einem kleinen Topf schmelzen, mit dem Obstbrand und dem Zitronensaft mischen und unter die Birnenmasse heben. Die etwas abgekühlte Masse in die Form geben. Bei 180 °C ca. 35 Minuten backen.

■ Eiweiß, Zucker und Salz zu steifem Schnee schlagen. Eiweißmasse mit Sterntülle auf die Torte aufdressieren, mit Mandeln bestreuen und bei ca. 200 °C im Ofen kurz abflämmen, d.h. im Ofen lassen bis die Baiserhülle sich an den Spitzen leicht braun verfärbt. Abkühlen lassen.

Champagner-Trüffel-Torte

▓ Sahne, Zucker und Honig aufkochen. Dunkle Kuvertüre und Vollmilch-Kuvertüre hacken, in eine Metallschüssel geben und zusammen mit dem Nougat in einem Wasserbad schmelzen. In die geschmolzene Kuvertüre die heiße Sahne-Zucker-Mischung geben und verrühren. Etwas abkühlen lassen, dann den Champagner dazugeben. Komplett bei Raumtemperatur erkalten lassen. Die Canache lässt sich besser verarbeiten, wenn sie am Vortag zubereitet ist.

▓ Mürbteig nach Anleitung zubereiten und ruhen lassen.

▓ Den Backofen auf 180 °C vorheizen.

▓ Den Teig ausrollen und den Boden einer Springform damit belegen. Im Ofen etwa 8 bis 10 Minuten goldgelb vorbacken. Auskühlen lassen.

▓ 75 g Zucker mit 75 ml Wasser vermischen, aufkochen und ca. 3 Minuten köcheln lassen. Den daraus entstandenen Läuterzucker etwas abkühlen lassen und mit weiteren 100 ml Wasser und 150 ml Champagner vermischen. Daraus entsteht die Tränke für die Tortenböden.

▓ Die Canache vor dem Weiterverarbeiten mit dem Schneebesen des Handmixers cremig rühren. Sollte die Masse zu fest geworden sein, nochmals im Wasserbad etwas erwärmen.

▓ Den hohen Biskuitboden in vier Böden teilen (siehe Grundlagen Seite 14).

▓ Den vorgebackenen Mürbteigboden dünn mit etwas Canache bestreichen. Darauf einen Biskuitboden legen. Den Boden mit einem Viertel der Champagner-Tränke durchfeuchten. Ca. 200 g der Canache-Masse auf dem Boden verteilen, den nächsten Biskuitboden daraufsetzen und ebenso verfahren, bis die vier Böden eingelegt, getränkt und – bis auf den letzten Boden – mit Canache bestrichen sind. Der vierte Boden ist lediglich getränkt.

▓ Die Torte ist nun wahrscheinlich höher als die Springform. In diesem Fall ein Blech oder ein Kunststoffbrett nehmen, auf den obersten Tortenboden setzen, beschweren und mindestens 1 Stunde kalt stellen.

▒ Die Torte aus der Springform nehmen. Die restliche Canache auf die Torte geben und gleichmäßig auf Oberfläche und Seite verteilen, glatt streichen. Die Torten nochmals 30 Minuten kühl stellen.

▒ Zum Überziehen der Torte eine weitere Canache herstellen: Dazu die Sahne, Milch und den Zucker miteinander aufkochen. Vollmilch-Kuvertüre hacken und mit der zimmerwarmen Butter in eine Schüssel geben. Mit der heißen Sahne übergießen und die Kuvertüre darin unter Rühren schmelzen. Etwas abkühlen lassen und ca. 2 cl Champagner zum Aromatisieren hinzugeben. Die Torte mit der Canache überziehen und glatt streichen.

▒ Im Kühlschrank mindestens 15 Minuten fest werden lassen. Nach Belieben verzieren.

Variante 1: Orangen-Trüffel-Torte

Diese Variante bereiten Sie genauso zu wie die Champagner-Trüffel-Torte, allerdings verwenden Sie für die Canache-Füllung 50 ml Grand Manier anstatt der 100 ml Champagner. Zudem empfehle ich Ihnen, den feinen Abrieb einer unbehandelten Orange in die Canache zu geben. Für die Tränke nehmen Sie statt des Champagners 50 ml Grand Manier. Den Grand Manier vermischen Sie mit 150 ml Wasser und lassen das Gemisch aufkochen und anschließend 3 Minuten köcheln. Die Canache zum Überziehen können Sie ebenfalls mit Grand Manier aromatisieren. Mit kandierten Orangenstücken verzieren.

Variante 2: Himbeer-Trüffel-Torte

Auch diese Variante bereiten Sie genauso zu wie die Champagner-Trüffel-Torte. Für die Canache-Füllung nehmen Sie 50 ml Himbeergeist. Für die Tränke nehmen Sie anstatt des Läuterzuckers 150 ml Himbeersirup und fügen dann 50 ml Himbeergeist und 150 ml Wasser hinzu. Anstatt des hellen Biskuitteigs können Sie einen Schokoladenbiskuit (siehe Grundlagen Seite 15) verwenden und die Canache zum Überziehen mit dunkler Kuvertüre zuzubereiten. Den Überzug können Sie natürlich auch mit Himbeergeist aromatisieren. Die Torte abschließend mit frischen Himbeeren verzieren.

„Canache" oder „Ganache" ist die Bezeichnung für eine, oft mit Gewürzen oder Alkohol aromatisierte Kuvertüre-Sahnecreme, die in unterschiedlichen Mischungsverhältnissen als Füllung von Torten und Pralinen oder als Überzug von Torten dient. Entstanden ist die Canache 1850 in einer Pariser Patisserie – angeblich als Ergebnis eines Versehens des Lehrlings, woraufhin er „Ganache", also Dummkopf, gescholten wurde. Bis heute ist sie eine klassische Zubereitungsform der Kuvertüre.

Walnusstörtchen mit Preiselbeeren

Sie brauchen:
10 Weckgläser

4 Eier
150 g Zucker
1 Prise Salz
150 g gemahlene
Walnusskerne
1 TL Backpulver
100 g dunkle, ge-
hackte Kuvertüre
Butter zum Bestrei-
chen

250 g Preiselbeeren
aus dem Glas
200 g Sahne
Eierlikör zum Aroma-
tisieren
Schokosplitter oder
Kakaopulver zum
Bestreuen

▧ Die Eier trennen. Die Eigelbe und den Zucker mit dem Schnee-besen des Handmixers schaumig rühren (siehe Grundlagen Seite 16). Das Eiweiß mit der Prise Salz steif schlagen. Gemahlene Wal-nusskerne mit dem Backpulver vermischen und zusammen mit der gehackten Kuvertüre unter die Eigelb-Zucker-Masse rühren. Den Eischnee mit dem Schneebesen vorsichtig unterziehen.

▧ Den Backofen auf 150 °C vorheizen.

▧ 10 Weckgläser mit etwas geschmolzener Butter ausstreichen und die Nussmasse auf die Gläser verteilen. Im Ofen 30 bis 35 Mi-nuten backen (Holzstäbchentest). Herausnehmen und abkühlen lassen.

▧ Auf dem abgekühlten Kuchen die Preiselbeeren verteilen.

▧ Die Sahne steif schlagen und mit dem Eierlikör aromatisieren. Auf die Preiselbeeren geben. Mit Schokosplittern oder mit Ka-kaopulver bestreuen.

▧ Statt Eierlikör können Sie die Sahne auch mit Zimtzucker aro-matisieren.

Stracciatellatörtchen

Sie brauchen:
6–8 Tartletteförmchen

200 ml Milch
1 TL Vanillezucker
2 Eigelb
50 g Zucker
1/2 Päckchen Vanille-Puddingpulver

300 g Mandelmürbteig (siehe Grundlagen Seite 11)
150 g dunkle Kuvertüre

500 g Sahne
100 g Schokostreusel
3 Blatt Gelatine

■ Die Vanillecreme kochen: Dazu die Milch mit dem Vanillezucker in einen Topf geben und aufkochen lassen. Vom Herd nehmen. Eigelbe, Zucker und Vanille-Puddingpulver miteinander verrühren. Die heiße Milch nach und nach in die Eigelbmasse mit einem Schneebesen einrühren. Die gesamte Masse wieder in den Topf geben und noch einmal kurz (!) unter stetem Rühren aufkochen lassen, bis die Masse eine Bindung erreicht. Vorsicht: Wenn die Masse zu lang kocht bzw. zu heiß wird, dann gerinnt das Eigelb. Vom Herd nehmen und abkühlen lassen.

■ Den Mürbteig nach Anleitung zubereiten und ruhen lassen.

■ Den Ofen auf 180 °C vorheizen.

■ Den Teig dünn ausrollen und die gefetteten Tartletteförmchen damit auskleiden. Die Mürbeigtartelettes vorgeheizten Ofen 10 bis 15 Minuten blind vorbacken bis der Teig goldbraun ist. Dazu deckt man den Teig mit Backpapier ab und beschwert ihn mit getrockneten Hülsenfrüchten wie Linsen oder Erbsen. Herausnehmen und auskühlen lassen.

■ Die Kuvertüre über dem Wasserbad schmelzen. Die abgekühlten Tartletteförmchen mit einem Backpinsel mit der flüssigen Kuvertüre ausstreichen und trocknen lassen.

■ Die Gelatine einweichen. Die abgekühlte Vanillecreme mit einem Schneebesen glatt rühren. Die Sahne steif schlagen. Die Gelatine in einem Topf mit dem Rum erwärmen (nicht zu heiß, da sonst der Alkohol verfliegt) und auflösen. Die Rum-Gelatine-Masse unter die Vanillecreme geben. Die geschlagene Sahne nach und nach unterziehen. Die Schokostücke einrühren.

■ Die Stracciatellacreme gleichmäßig auf die gebackenen Mürbteigtartelettes verteilen. Am schönsten wird dies, wenn Sie die Masse in einen Spritzbeutel geben und mit einer glatten Lochtülle die Masse „aufdressieren", d.h. gleichmäßig einspritzen. Sie können sie aber auch mit einem Löffel einfüllen und glatt streichen.

■ Die Masse mindestens 1 Stunde im Kühlschrank auskühlen lassen. Nach Belieben garnieren, z.B. mit Schokospänen oder Früchten.

Himbeertarte mit weißer Schokolade

Sie brauchen:
Tarte- oder Spring-
form

300 g Mürbteig
(siehe Grundlagen
Seite 11)

400 g Himbeeren
(tiefgekühlt oder
frisch)
80 g Zucker
Saft einer 1/2 Zitrone
20 g Speisestärke
oder Vanille-Pud-
dingpulver

300 g weiße Kuver-
türe
200 g Schmand
80 g Butter

▨ Den Mürbteig nach Grundrezept zubereiten und ruhen lassen.

▨ Backofen auf 180 °C vorheizen.

▨ Den Mürbteig in eine Tarteform geben und 10 Minuten blind backen, bis er goldgelb ist.

▨ Die Himbeeren mit dem Zucker und dem Zitronensaft verrühren. Die Speisestärke oder das Puddingpulver mit etwas Wasser vorsichtig erhitzen und unter die Himbeeren rühren.

▨ Die Himbeermasse auf dem Mürbteig verstreichen und 1 Stunde im Kühlschrank abkühlen lassen.

▨ Kuvertüre im Wasserbad vorsichtig schmelzen, dann Butter und Schmand unterrühren.

▨ Die Schokoladenmasse vorsichtig auf der abgekühlten Tarte verstreichen und nochmals einige Stunden im Kühlschrank durchkühlen lassen.

▨ Nach Belieben mit frischen Himbeeren verzieren.

Wenige Kombinationen sind edler als die aus Himbeeren und Schokolade. Die vorliegende Version mit der weißen Schokolade ist besonders raffiniert – aber natürlich geht das auch mit dunkler Schokolade.

Petit Fours

Sie brauchen:
Rollholz fürs Marzipan

Teig:
125 g Marzipan
200 g Zucker
3 g Salz
Zitronenschale von
einer 1/2 Zitrone
8 Eigelb
200 g Mehl
100 g zerlassene
Butter
8 Eiweiß

Fruchtbuttercreme:
6 Eigelbe
20 g Vanille-Pud-
dingpulver
125 ml Vollmilch
100 g Zucker
5 g Vanillezucker
1 Prise Salz
Abrieb von 1 unbe-
handelten Zitrone
375 g Fruchtmark
oder hochwertige,
zuckerarme Konfi-
türe
550 g Butter

Garnitur:
Konfitüre
200 g Marzipanroh-
masse
50 g Puderzucker

▮ Marzipan mit 50 g Zucker, Salz, Zitrone, und – nach und nach – den Eigelben schaumig rühren.

▮ Backofen auf 170 °C vorheizen.

▮ Eiweiß und den restlichen Zucker zu Schnee schlagen. Vorsichtig zu der Eigelb-Marzipan-Masse geben, das Mehl unterrühren (melieren), auf Backpapier streichen und etwa 15 Minuten backen.

▮ Eigelb und Vanille-Puddingpulver mit einem Teil der kalten Milch ohne Klumpen verrühren. Die restliche Milch mit dem Zucker vermischen, Vanillezucker, Salz und Zitronenabrieb hinzugeben. Zusammen aufkochen. Vom Herd nehmen und das Eigelb-Vanille-Gemisch zugeben und auf der Herdplatte solange verrühren bis es einmal kurz aufkocht. Danach das Fruchtmark oder die Konfitüre hinzugeben, einrühren und abkühlen lassen.

▮ Zimmerwarme Butter mit dem Handrührgerät schaumig rühren. Nach und nach die Fruchtmasse unterrühren.

▮ Die Teigplatte in drei gleich große Teile schneiden. Auf zwei Platten je die Hälfte der Creme verteilen. Die Platten aufeinandersetzen, sodass die Teigplatte ohne Creme zuoberst liegt. Kühl lagern, bis die Buttercreme fest geworden ist, mindestens jedoch 2 Stunden.

▮ Die Oberfläche dünn mit Konfitüre bestreichen. Marzipanrohmasse mit gesiebtem Puderzucker verkneten. Mit einem Rundholz auf ca. 2 mm Dicke ausrollen und auf den Kuchen legen, das überlappende Marzipan abschneiden. Den mit Marzipan belegten Kuchen mit einem scharfen, im Wasser gewärmten Messer in regelmäßige Würfel schneiden.

Die Marzipanmasse kann natürlich nach Belieben mit Lebensmittelfarbe in den unterschiedlichsten Farben eingefärbt werden. Ihrer Fantasie ist hier keine Grenze gesetzt, ebenso wie bei den möglichen Verzierungen: mit flüssiger Kuvertüre, Perlen, kandierten Blütenblättern – seien Sie mutig. Gerade Petit Fours eignen sich, zu kleinen Kunstwerken verziert zu werden ...

Schoko-Mousse-Torte

■ Schokoladenbiskuit möglichst am Vortag nach Anleitung zubereiten (siehe Grundlagen Seite 15).

■ 250 g Sahne mit Vanillezucker und Zimt aufkochen. Die Kuvertüre fein hacken und mit der Butter in die heiße Sahne rühren, bis die Kuvertüre geschmolzen ist.

■ Abkühlen und mindestens 3 Stunden, gerne aber auch über Nacht, im Kühlschrank kalt stellen.

■ 180 g Sahne steif schlagen. Die kalte Schokoladenmasse mit dem Schneebesen des Handrührers ca. 3 Minuten aufschlagen. Sollte die Masse zu fest sein, kurz über dem Wasserbad erwärmen. Die Schokoladenmasse sollte ungefähr die gleiche Konsistenz wie die geschlagene Sahne haben. Nach und nach die geschlagene Sahne unter die Schokoladenmasse ziehen.

■ Aus dem am Vortag gebackenen Schokobiskuit zwei, ca. 1,5 cm hohe Böden herausschneiden.

■ Den ersten Boden in die Springform legen und die Hälfte des Schokoladenmousse daraufgeben. Den zweiten Biskuitboden daraufsetzen und die zweite Hälfte des Schokoladenmousse darauflegen und glatt streichen.

■ Die Torte mindestens 2 Stunden im Kühlschrank fest werden lassen. Nach Belieben mit Sahnetupfen, Schoko-Spänen, Schokoladenstücken etc. verzieren.

Tipp
Sie können die Schokomousse nach dem gleichen Prinzip zusammenstellen und auf Gläser verteilen.

Zart und schokoladig – wer Schokolade mag wird diesen Kuchen lieben! Für Erwachsene kann man ihn – wie schon bei der klassischen Mousse au chocolat – mit Rum, Cognac und Orangenlikör oder auch Kaffee aromatisieren.

Pfirsich-Donauwelle

Sie brauchen:
Springform
(Ø 26 cm)

130 g Butter
130 g Zucker
300 g Sahne
3 Eier
220 g Mehl
1/2 Päckchen Back-
pulver
3 EL Kakaopulver
500 g Dosenpfirsich

2 Blatt Gelatine
50 g Zucker
300 g Mascarpone
200 g Quark (Mager-
stufe)

5 Blatt Gelatine für
den Fruchtspiegel

▓ Die zimmerwarme Butter mit dem Zucker schaumig schlagen (siehe Grundlagen Seite 16). 125 g der Sahne mit den Eiern
verquirlen. Mehl und Backpulver miteinander vermischen. Die
Sahne-Ei-Mischung nach und nach abwechselnd mit dem Mehlgemisch unter die Butter-Zucker-Masse rühren.

▓ Den Backofen auf 180 °C vorheizen.

▓ Die Hälfte der jetzt entstandenen Masse in die gefettete
Springform füllen. Die restliche Sahne mit dem Kakaopulver verrühren und flüssig unter die andere Hälfte der Masse rühren. Diese mit Kakaosahne vermischte Masse ebenfalls in die Springform
geben. Mit einer Gabel vorsichtig die beiden Massen so miteinander verrühren, dass eine Marmorierung entsteht. Dazu drehen
Sie am besten die Gabel in sich und arbeiten sich in konzentri-
schen Kreisen von außen nach innen.

▓ Mit 250 g der Pfirsiche die Teigmasse gleichmäßig belegen. Im
Ofen etwa 40 Minuten goldgelb backen (Holzstäbchenprobe).
Auskühlen lassen.

▓ Für die Creme 2 Blatt Gelatine einweichen. Zucker, Mascarpone und Quark glatt rühren. Die Gelatine mit etwas Flüssigkeit erwärmen, auflösen und unter die Mascarponemasse geben. Diese
Masse auf die Pfirsichschicht des abgekühlten Kuchens geben
und glatt streichen.

▓ Mindestens 1 Stunde im Kühlschrank fest werden lassen.

▓ 5 Blatt Gelatine einweichen. Die restlichen 250 g Pfirsiche in
einem hohen Gefäß mit einem Pürierstab fein pürieren. Die Gelatine erwärmen und auflösen, 2 bis 3 EL des Pfirsichpürees einrühren, dann die Gelatinemasse unter das restliche Pfirsichpüree
heben. Die Fruchtmasse als Spiegel auf die Cremeoberfläche des
Kuchens geben und im Kühlschrank fest werden lassen. Nach Belieben verzieren.

Klein und

zwischendurch

Eine kleine Zimtschnecke hier, ein süßes

Dessert da – es muss nicht immer eine

spektakuläre Torte sein – oft sind es die

kleinen Dinge, die uns sonnige Momente

an einem ansonsten grauen Tag bescheren.

Krapfen

Für 20 Krapfen

Sie brauchen:
Krapfenspritze, Topf

130 ml Milch
35 g Hefe
50 g Zucker
500 g Mehl
1 Ei
3 Eigelb
80 g Butter
10 g Vanillezucker
1/2 TL Zitronenab-
rieb
1 EL Rum
1/2 TL Salz
500 g Aprikosenkon-
fitüre (oder Konfitüre
nach Belieben)
Fett zum Ausbacken
Puderzucker zum
Bestäuben

▥ Alle Zutaten auf Raumtemperatur bringen.

▥ Zuerst einen Vorteig herstellen: Dazu die Hälfte der Milch (65 ml) leicht auf maximal 35 °C erwärmen und mit der Hefe, einer Prise Zucker und 100 g Mehl verrühren. An einem warmen Ort zugedeckt ca. 15 Minuten ruhen lassen.

▥ Das Ei und die Eigelbe, die zimmerwarme Butter, den restlichen Zucker, Vanillezucker, Zitronenabrieb, Rum und Salz zusammen mit dem Vorteig mit dem Knethaken des Handrührgerätes zu einem geschmeidigen Teig verarbeiten. Den Teig abgedeckt 15 Minuten an einem warmen Ort ruhen lassen.

▥ Den Teig in 20 Stücke à ca. 50 g aufteilen. Jedes Teigstück zu einer Kugel formen und auf ein sauberes, mit Mehl bestäubtes Küchentuch legen. Mit einem zweiten Tuch abdecken und so lange ruhen lassen, bis die Kugeln ihr Volumen in etwa verdoppelt haben.

▥ In einem Topf das Fett auf 170 °C erhitzen. Sie können dazu Frittierfett oder aber das preiswertere Butterschmalz nehmen. Das Fett ist dann heiß genug, wenn ein ins Fett getauchtes Holzstäbchen Blasen wirft.

▥ Die Krapfen mit der Oberseite nach unten vorsichtig ins heiße Fett geben und, wenn möglich, mit einem Deckel schließen. Etwa 2 bis 3 Minuten auf der einen Seite ausbacken. Mit einem Schaumlöffel oder einem Kochlöffel die Krapfen wenden und auf der anderen Seite nochmals ca. 3 Minuten ausbacken.

▥ Mit einem Schaumlöffel aus dem heißen Fett nehmen und am besten auf einem Gitter oder einem Küchenpapier abtropfen lassen. Leicht abkühlen lassen.

▥ Eine Krapfenspritze oder einen Dressierbeutel mit einer dünnen Lochtülle mit der Konfitüre füllen und den Krapfen damit Füllen (ca. 1 EL Konfitüre pro Krapfen). Mit Puderzucker bestäuben.

▥ Sie können die Krapfen auch mit Vanillecreme, Schokopudding, Vielfruchtkonfitüre, Schlagsahne oder Zwetschgenmus füllen, mit Johannisbeerkonfitüre glasieren oder in Zimtzucker tauchen

Florentiner

Sie brauchen:
Backblech

100 g Zucker
50 g Butter
70 g Bienenhonig
50 g Sahne
100 g Früchte-Mix
(fertige Mischung
aus Orangeat, Zitro-
nat, Belegkirschen)
250 g gehobelte
Mandeln
200 g Kuvertüre

▨ Zucker, Butter, Honig und Sahne in einen kleinen Topf geben und langsam und vorsichtig 5 bis 10 Minuten einkochen lassen, bis die Sahnemischung etwas eindickt. Die Früchte hacken, mit den Mandeln in die Sahnemischung rühren und unter ständigem Rühren nochmals kurz abrösten.

▨ Den Backofen auf 200 °C vorheizen.

▨ Kleine Häufchen der Sahne-Mandel-Früchte-Masse mit einem Teelöffel auf ein mit Backpapier ausgelegtes Blech geben.

▨ Im vorgeheizten Ofen etwa 12 Minuten backen.

▨ Die Florentiner nach dem Backen auskühlen lassen.

▨ In einem Wasserbad die Kuvertüre schmelzen (temperieren). Den Boden der abgekühlten Florentiner in die flüssige Kuvertüre tauchen und auf einem Kuchengitter abtropfen lassen.

Florentiner sind eine edle Mischung aus Schokolade, Mandeln und Früchten. Sie sind wunderbar saftig und halten ca. 3 bis 4 Wochen.

Zimtschnecken

Sie brauchen:
Backpinsel, Reine

200 ml Milch
30 g Hefe
500 g Mehl
70 g Zucker
10 g Vanillezucker
5 g Salz
2 Eier
80 g zimmerwarme Butter

150 g zimmerwarme Butter
100 g Zimtzucker (aus 100 g Zucker und 1 TL Zimtpulver nach Geschmack vermischt)
100 g Puderzucker

▨ Die Milch auf ca. 30 °C erwärmen, die Hefe zerbröseln und darin auflösen. Mit dem Mehl, Zucker, Vanillezucker, Salz, Eiern und der Butter verkneten und einen Teig zubereiten. Zu einer Kugel formen und 30 Minuten an einem warmen Ort ruhen und aufgehen lassen.

▨ Den Teig auf einer bemehlten Fläche ca. 1 cm dick ausrollen. Mit weicher Butter bestreichen und den Zimtzucker darauf verteilen. Die Teigfläche aufrollen und mit einem scharfen Messer von dieser Rolle ca. 2 cm dicke Scheiben abschneiden.

▨ Die Zimtschnecken entweder auf ein mit Backpapier ausgelegtes Backblech oder in eine mit Butter eingefettete Reine geben und nochmals an einem warmen Ort 30 Minuten bis 1 Stunde ruhen und aufgehen lassen.

▨ Den Ofen auf 180 °C vorheizen, die Zimtschnecken darin ca. 20 Minuten backen.

▨ Auskühlen lassen. Entweder noch warm mit Zimtzucker bestreuen oder aus Puderzucker und etwas Wasser einen Zuckerguss zubereiten und mit einem Backpinsel auf den fertigen Zimtschnecken verteilen.

Zimtschnecken sind internationale Stars, die in Mitteleuropa, aber wohl fast noch mehr in Skandinavien und in Nordamerika, hier als „cinamon rolls", beliebt und berühmt sind. In Schweden wird die Zimtschnecke „Kanelbulle" genannt und ist eines der bekanntesten und beliebtesten Gebäcke des Landes. Seit 1999 wird am 4. Oktober in Schweden „Kanelbullens dag", also der „Tag der Zimtschnecke" gefeiert.

Hefezopf

Für 2 Hefezöpfe

Sie brauchen:
Backblech

40 g frische Hefe
10 g Zucker
200 ml lauwarme
Milch

500 g Mehl
100 g zimmerwarme
Butter
80 g Zucker
1 Ei
3 Eigelb
10 g Vanillezucker
Zitronenschale von
einer 1/2 Zitrone
5 ml Rum
5 g Salz (gestriche-
ner Teelöffel)

1 Ei

Nach Belieben:
Aprikosenkonfitüre
zum Bestreichen
100 g Puderzucker

▚ Hefe, Zucker und lauwarme Milch miteinander zu einem Vorteig vermengen. Den Vorteig 20 Minuten ruhen lassen.

▚ Vorteig mit dem Mehl, der Butter, dem Zucker, dem Ei, den Eigelben, Vanillezucker, Zitronenschale, dem Rum und dem Salz zu einem Teig verkneten. Den Teig zu einer Kugel formen und an einem warmen Ort 15 Minuten gehen lassen.

▚ Backofen auf 180 °C vorheizen.

▚ Den Teig in 6 gleich große Stücke teilen und zu Strängen formen. Aus je drei Strängen einen Zopf flechten, die Enden jeweils möglichst rund zueinander fügen. Auf ein mit Backpaper ausgelegtes Backblech legen und nochmals ca. 20 Minuten gehen lassen. Mit einem Backpinsel die Zöpfe mit verquirltem Ei bestreichen und im vorgeheizten Ofen 30 Minuten lang backen. Leicht abkühlen lassen.

Möchte man den Hefezopf süß machen, dann mit Aprikosenkonfitüre bestreichen, also aprikotieren. Für einen Zuckerguss den Puderzucker mit etwas Wasser vermengen, sodass ein zähflüssiger Guss entsteht. Den Zopf mit einem Backpinsel mit dem Zuckerguss reichlich bestreichen.

Rosinen oder nicht: Sie können Ihren Hefezopf natürlich auch mit Rosinen zubereiten, am besten mit in Rum eingelegten Rosinen. Dann die Rosinen in Schritt 2 mit dem Mehl und allen weiteren Zutaten vermischen. Ebenso kann man Orangeat und Zitronat dazugeben. Wenn man möchte, kann man auch Mandelsplitter in den Teig geben. Bei dieser Variante empfiehlt es sich, statt dem Zuckerguss den aprikotierten Zopf mit gehobelten Mandeln zu bestreuen.

Löffelbiskuits

Für 40–50 Stück

Sie brauchen:
Backblech, Spritz-
beutel mit glatter
Lochtülle

4 Eigelb
30 g Zucker
5 g Vanillezucker
4 Eiweiß
70 g Zucker
110 g Mehl
Puderzucker zum
Bestäuben

▧ Eigelb, Zucker und Vanillezucker mit einer Rührmaschine schaumig rühren. Eiweiß und Zucker zu Schnee schlagen. Die beiden Massen vermischen.

▧ Das Mehl unter die Ei-Zucker-Masse heben (untermelieren). In einen Spritzbeutel mit glatter Tülle geben und die typische Löffelbiskuit-Form, also mit einer leichten Einschnürung in der Mitte, oder auch einfach nur gerade auf ein mit Backpapier ausgelegtes Blech aufspritzen (aufdressieren).

▧ Backofen auf 180 °C vorheizen.

▧ Mit Puderzucker bestäuben und in den Ofen geben. Ca. 10 Minuten backen, auskühlen lassen.

▧ Trocken in einer Keksdose aufbewahrt halten sich die Löffelbiskuits eine Zeit lang frisch.

Löffelbiskuits sind in der Tat ein Traditionsgebäck: Sie sind eine kulinarische Erfindung des 15. Jahrhunderts. Anlässlich des Besuches des damals noch jungen Königs von Frankreich am Hof von Savoyen wurde zu Ehren des Königs dieses zarte, verführerische Gebäck erfunden, und blieb bis heute aktuell und beliebt. In Österreich werden Biskuits in Fischform gebacken und an Silvester gegessen – und zwar „von hinten nach vorn" – damit es mit der Wirtschaft vorangehen möge ... Löffelbiskuits werden als eigenständiges Gebäck gereicht und gegessen, sie sind aber auch Grundlage von berühmten Desserts wie Charlotte oder Tiramisu.

Blaubeerpfannkuchen mit Ahornsirup

Für 15 Pfannkuchen mit Ø 10 cm

Sie brauchen:
Pfanne

300 g Mehl
2 EL Zucker
3 TL Backpulver
1 Prise Salz
2 große Eier
500 ml Milch
2 EL Butter
200 g Blaubeeren
(frisch – wenn TK,
nicht aufgetaut)
Ahornsirup und Butter zum Bestreichen

▓ Gesiebtes Mehl, Zucker, Backpulver und Salz in einer Schüssel miteinander vermischen und eine Kuhle in die Mitte drücken. Die zimmerwarmen Eier mit der ebenfalls zimmerwarmen Milch verquirlen und in die Mehlkuhle geben. Alles zu einem glatten Teig verrühren. Die Butter schmelzen und unter den Teig rühren. Die Blaubeeren zugeben und vorsichtig unterheben.

▓ Den Backofen auf 60 °C vorheizen.

▓ Eine leicht gefettete, beschichtete Pfanne auf mittlere Flamme stellen und mit einem Schöpflöffel Teig in die Pfanne geben, sodass ein Pfannkuchen von ca. 10 cm Durchmesser entsteht. Von beiden Seiten goldbraun backen. Auf einen Teller geben und mit Alufolie bedeckt im Ofen warm halten. Mit dem weiteren Teig ebenso verfahren bis der Teig aufgebraucht ist.

▓ Vor dem Servieren mit Ahornsirup und Butter bestreichen.

Klassisch werden die Pancakes mit Ahornsirup und frischer, geschmolzener Butter begossen serviert. Nordamerikanische Pfannkuchen unterscheiden sich von ihren europäischen Geschwistern dadurch, dass sie durch das Backpulver in der Pfanne aufgehen und dicker werden, aber eine luftigere Konsistenz erhalten. In den USA und in Kanada sind sie ein klassischer und äußerst beliebter Bestandteil des Frühstücks. Die Variante mit Blaubeeren ist die wahrscheinlich populärste, neben den Varianten mit Bananenstücken und mit Chocolate Chips.

Brioche

■ 50 ml Milch für den Vorteig in einem Topf leicht erwärmen (max. 35 °C), die Hefe zerbröseln und mit dem Zucker und Vanillezucker dazugeben, verrühren. Den Vorteig an einem warmen Ort ca. 15 Minuten gehen lassen.

■ Den Vorteig mit dem Mehl, der restlichen Milch (50 ml), den Eigelben und dem Vollei, Salz, Rum, Zitronenabrieb und der zimmerwarmen Butter zu einem Teig mit der Hand oder dem Knethaken des Handmixers verkneten. Den Teig zu einer Kugel formen und abgedeckt an einem warmen Ort ca. 30 Minuten gehen lassen, bis das Volumen des Teigs sich deutlich erhöht hat.

■ Die Förmchen mit Butter ausfetten und mit Mehl bestäuben. Aus dem Hefeteig 10 bis 12 Kugeln formen. Je eine Kugel in die Form setzen und abgedeckt an einem warmen Ort nochmals 30 Minuten ruhen lassen.

■ Möchte man die klassische Brioche-Form (Krönchen-Form) haben, dann gibt es zwei verschiedene Arten: Formen Sie aus dem Teig 10 große und 10 kleine Kugeln, und setzen Sie in jede Form je eine große und eine kleine Kugel. Die zweite Methode ist etwas weniger aufwendig: Sie machen pro Form eine Kugel, nehmen einen kleinen, runden Ausstecher, tauchen ihn jeweils in flüssige Butter und machen mit dem gebutterten Ausstecher einen kleinen Ring an der Oberfläche der Teigkugel. Durch den gebutterten Ringabdruck geht der mittlere Kreis beim Backen etwas höher als der Rest. In jedem Fall den Teig abgedeckt 30 Minuten an einem warmen Ort ruhen lassen.

■ Den Backofen auf 150 °C vorheizen.

■ Eigelb mit 1 EL Milch verquirlen und die Oberfläche der Brioches damit einpinseln.

■ Auf die mittlere Schiene des Ofens setzen und ca. 30 Minuten backen, bis die Brioches goldgelb sind.

Brioches sind ein klassisches französisches Frühstücksgebäck, das es schon seit dem Mittelalter gibt. Politisch in Verruf kamen sie durch den bösen Satz, der der Königin Marie-Antoinette als Kommentar zu den hungernden Parisern in den Mund gelegt wurde (den sie aber nachweislich nie gesagt hat):„Wenn sie kein Brot haben, dann lasst sie doch Brioches essen." Die Fehlübersetzung „… dann lasst sie doch Kuchen essen" ist aus einer Zeit, als Brioches in Deutschland noch fast unbekannt waren. Mittlerweile weiß man auch hier das köstliche, lockere Gebäck zu schätzen. Am besten man backt es frisch und verzehrt es lauwarm.

Crème brûlée von der Tonkabohne

Sie brauchen:
6–10 Crème-brûlée-Förmchen

Nach Möglichkeit:
Crème-brûlée-Brenner oder Bunsenbrenner

250 ml Milch
5–7 Tonkabohnen
(im gut sortierten Gewürzhandel)
250 g Sahne
4 Eigelb
50 g Zucker
60 g braunen Zucker zum Karamellisieren

■ Milch und die grob zerkleinerten Tonkabohnen in einem Topf kurz aufkochen, ein paar Minuten leicht köcheln lassen (Vorsicht: nicht überkochen), von der Herdplatte nehmen und ca. 10 Minuten im geschlossenen Topf ziehen lassen. Die Sahne dazugießen und alles zusammen nochmals bis zum Siedepunkt erhitzen.

■ Den Backofen auf 120 °C vorheizen.

■ Die Eigelbe mit dem Zucker cremig schlagen. Die heiße Milch-Sahne-Mischung durch ein Haarsieb in einen Topf gießen, um die zerkleinerten Bohnenstücke zu entfernen. Noch einigermaßen heiß unter die Eier-Zucker-Masse rühren.

■ Die Creme in sechs Förmchen füllen und ca. 25 Minuten im Ofen stocken lassen, bis sich eine Haut gebildet hat. Die Haut soll dabei nicht braun werden.

■ Die Förmchen herausnehmen und die Crème brûlée abkühlen lassen. Anschließend mindestens 2 weitere Stunden im Kühlschrank kalt stellen.

■ Zum Karamellisieren die Vanillecreme mit braunem Zucker bestreuen und entweder mit einem Brenner abflemmen oder möglichst dicht unter den heißen Grill stellen. Sobald der Zucker sich in eine schöne, braune Karamellkruste verwandelt hat, die Förmchen aus dem Ofen nehmen und sofort servieren, damit die Zuckerschicht noch schön knackig ist.

Obwohl vom Aufwand her einigermaßen bescheiden, kann man mit einer guten Crème brûlée auch bei einem eleganten Essen Staat machen. Variieren Sie die Crème mit verschiedenen Zutaten: Physalis, Himbeeren, Rosmarin, kandierte Blütenblätter – was immer Ihnen Freude bereitet.

Die Tonkabohne ist der mandelförmige Samen des Tonkabaumes, der in Südamerika und in der Karibik wächst. Tonkabohnen haben einen süßlichen, vanille- und bittermandelähnlichen Geschmack. Wie Zimt enthalten auch sie Cumarin, weshalb man sie nicht zu oft essen sollte. Tonkabohnen sind in der Regel in Gewürzläden erhältlich.

Rohrnudeln mit Zwetschgenmus

Für ca. 8 Stück

Sie brauchen:
Auflaufform

250 ml Milch
1 Würfel Hefe
500 g Mehl
65 g Zucker
100 g Butter
1 Ei
1 Eigelb
1 Prise Salz
10 g Vanillezucker
Abrieb einer 1/2 Zitrone
250 g Pflaumenmus
125 g Butter für die Auflaufform
50 g Sahne
2 EL Honig
50 g Zucker

■ Die Milch auf 25 °C bis max. 35 °C anwärmen, die Hefe zerbröckeln und in der Milch auflösen. Einen Vorteig erstellen, indem man die Hälfte des Mehls mit der Hefemilch vermischt. 30 Minuten zugedeckt an einem warmen Ort gehen lassen, bis sich das Volumen ungefähr verdoppelt hat.

■ Nach der Ruhezeit den Vorteig mit dem restlichen Mehl, dem Zucker, der zimmerwarmen Butter, dem Ei und dem Eigelb, dem Salz, dem Vanillezucker und dem Zitronenabrieb vermischen und mit dem Knethaken des Handmixers zu einem homogenen Teig verarbeiten. Alle Zutaten und Arbeitsgeräte sollten ungefähr die gleiche Temperatur haben. Deshalb z.B. die Eier rechtzeitig aus dem Kühlschrank nehmen und zimmerwarm werden lassen.

■ Den Teig weitere 30 Minuten an einem warmen Ort zugedeckt ruhen lassen.

■ Nach der zweiten Ruhezeit den Teig auf einer leicht bemehlten Fläche mit den Händen gut durchkneten. Danach den Teig ca. 1 cm dick ausrollen und in acht gleich große Vierecke schneiden. Auf jedes Teigstück etwa 1 EL Pflaumenmus geben. An allen vier Ecken zusammenklappen und die Kanten zusammendrücken, damit kein Pflaumenmus austreten kann. Danach mit beiden Händen eine Kugel formen. Insgesamt sollten 8 Kugeln entstehen.

■ In der Auflaufform die Butter zerlassen, die Sahne hinzugeben und erwärmen (nicht zu heiß), den Zucker und den Honig dazugeben und verrühren. Die Rohrnudeln in die gesüßte Sahne-Butter-Mischung geben. Zugedeckt noch einmal an einem warmen Ort gehen lassen, bis sich das Teigvolumen etwas vergrößert hat.

■ Den Backofen auf 180 °C vorheizen.

■ Nach der Ruhezeit die Auflaufform auf die mittlere Schiene des Backofens stellen und in ca. 35 Minuten goldbraun backen. Herausnehmen und etwas abkühlen lassen. Mit Puderzucker bestäuben und am besten warm servieren.

Tipp
Zu den Rohnudeln schmeckt am besten eine selbst gemachte Vanillesauce (siehe Rezept auf Seite 64). Sie können beispielsweise auch Vanilleeis oder Apfelkompott dazu servieren. Natürlich schmeckt die Rohrnudel auch ohne Beilage wunderbar! Anstatt des Pflaumenmuses können Sie auch frische Pflaumen oder Zwetschgen verwenden. Dazu nehmen Sie pro Rohrnudel drei halbe, mit Zimtzucker gewürzte Pflaumenhälften und arbeiten sie wie beschrieben in den Hefeteig ein.

Milchreiskuchen mit Mango

Sie brauchen:
Tarteform

300 g Schokomürb-
teig (siehe Grundla-
gen Seite 11)
100 g dunkle Kuver-
türe
6 Blatt Gelatine
1 kg fertig zubereite-
ten Milchreis (siehe
unten)
1 große, reife,
möglichst faserfreie
Mango
80 g Zucker
Zitronensaft

■ Den Schokomürbeig zubereiten, nach der Ruhezeit ausrollen und die Tarteform auskleiden. Mit Backpapier und Linsen oder Erbsen zum Blindbacken belegen und bei 180 °C im vorgeheizten Ofen 12 bis 15 Minuten vorbacken. Herausnehmen und auskühlen lassen.

■ Die Kuvertüre schmelzen, den ausgekühlten Mürbteig damit einpinseln und erkalten lassen. Die Gelatine einweichen. Die Gelatine im fertigen, noch heißen Milchreis auflösen und etwas abkühlen lassen, bis der Milchreis lauwarm ist. Die Tarteform damit füllen und die Oberfläche glatt streichen. Den Kuchen nun zum Auskühlen mindestens 1 bis 2 Stunden in den Kühlschrank stellen.

■ Die Mango schälen, in Stücke schneiden und mit dem Pürierstab pürieren. Mit 80 g Zucker und einen Spritzer Zitronensaft vermischen und auf den Milchreis geben.

Milchreis mit Mango

Sie brauchen:
6–8 Gläser

750 ml Milch
250 ml Kokosmilch
130 g Milchreis
1 Msp. gemahlenen
Kardamom
1 Zimtstange
30 g Zucker
10 g Vanillezucker
2 faserfreie Mangos
2 EL Orangenlikör
oder Orangensaft
1 TL Puderzucker
50 g gehackte Pistazien

■ Milch, Kokosmilch, Milchreis, Kardamom und Zimtstange in einen Topf geben und auf dem Herd zum Kochen bringen. Unter ständigem Rühren ca. 25 Minuten köcheln lassen, bis der Reis weich ist. Vom Herd nehmen und die Zimtstange entfernen, Zucker und Vanillezucker hinzugeben.

■ In der Zwischenzeit die Mango schälen, das Fruchtfleisch vom Kern lösen und in Würfel schneiden. Die Würfel mit dem Orangenlikör oder mit Orangensaft marinieren. In einer Pfanne den Puderzucker karamellisieren, die Pistazien sofort dazugeben, unterrühren und die Pfanne vom Herd nehmen.

■ Den Milchreis in Gläser füllen, die Mangowürfel darauf geben und mit den leicht karamellisierten Pistazien bestreuen.

Tipp
Wenn Sie keine Kokosnote wünschen, dann ersetzen Sie die Kokosmilch einfach durch Sahne. Köstlich ist der Milchreis auch in der klassischen Variante einfach mit Zimtzucker bestreut.

Bergsteigerecken

Sie brauchen:
Backblech
Thermometer

500 g Mandelmürb-
teig (siehe Grundla-
gen Seite 11)

125 g Sahne
125 g Butter
100 g Zucker
200 g Honig

75 g Walnusskerne
75 g Pistazienkerne
75 g gehobelte
Mandeln
75 g gestiftelte
Mandeln
75 g ganze Hasel-
nüsse
75 g Sesamsamen
75 g Rosinen (oder
getrocknete Cran-
berries, falls man
keine Rosinen mag)

400 g dunkle Kuver-
türe (nach Belieben)

▓ Den Mandelmürbteig nach Grundrezept zubereiten und ru-hen lassen.

▓ Den Backofen auf 200 °C vorheizen.

▓ Den Mandelmürbteig auf ca. 5 mm Dicke ausrollen und das mit Backpapier ausgelegte Blech damit auslegen. Etwa 8 Minu-ten vorbacken, sodass der Teig noch keine Farbe annimmt.

▓ Sahne mit Butter, Zucker und dem Honig langsam aufkochen. Hier empfiehlt sich der Gebrauch eines Thermometers, da die Sahnemasse 135 °C erreichen muss, damit der Zucker karamel-lisieren kann.

▓ Nüsse und Samen im Ofen bei 80 °C 5 Minuten vorwärmen. So können Sie verhindern, dass die Sahnemasse nach der Zugabe von kalten Nüssen zu schnell abkühlt und damit fest wird.

▓ Sahnemasse und die gewärmten Nüsse zusammen mit den Trockenfrüchten vermischen. Die Masse gleichmäßig auf den ab-gekühlten Mandelmürbteig streichen.

▓ In den auf 150 °C vorgeheizten Ofen geben und in ca. 20 Mi-nuten fertig backen, bis die Nussmasse goldgelb ist. Auskühlen lassen.

▓ Die fertige Nussteigplatte am besten mit dem Backpapier auf eine gerade, schnittfeste Unterlage ziehen. Je nach Belieben mit einem scharfen, glatten Messer (lieber größer als kleiner) gleich-mäßige Dreiecke oder Riegel schneiden.

▓ Wenn man möchte, kann man die Ecken noch mit Kuvertüre verfeinern. Dafür 400 g Kuvertüre schmelzen und temperieren. Die Ecken bis zur Hälfte in die Kuvertüre tauchen, abtropfen und fest werden lassen.

▓ Varianten: Kürbiskerne, Sonnenblumenkerne, andere Nussmi-schung, andere Trockenfrüchte (z.B. Datteln oder Aprikosen)

Tipp
Sollten Sie kein passendes Ther-mometer zur Hand haben, sollten Sie die Masse ausreichend lange einkochen lassen, d.h. bis sie etwas eindickt. Die Masse geht beim Kochen ein wenig auf, achten Sie also darauf, dass der Topf nicht zu klein ist. Den Topf am besten so auswählen, dass Sie die Nüsse hinzuge-ben können.

Französische Schokoladentarte

Sie brauchen:
Tarteform

300 g Schokoladenmürbteig (siehe Grundlagen Seite 11)

4 Eier
300 g Zucker
200 g Butter
60 g dunkle Kuvertüre
8 EL Kakao
4 EL Sauerrahm
1 EL Vanillezucker
1 Prise Zimtpulver

■ Den Schokoladenmürbteig nach Anleitung zubereiten, ruhen lassen. Den Teig ausrollen und eine Tarteform damit belegen.

■ Den Backofen auf 180 °C vorheizen.

■ Die Eier mit dem Zucker schaumig rühren. Butter schmelzen, Kuvertüre klein hacken und in der warmen Butter schmelzen. Das Kakaopulver unterrühren. Die Butter-Kakao-Mischung zu den schaumig geschlagenen Eiern geben und vorsichtig vermengen. Sauerrahm, Vanille und Zimt unterrühren.

■ Die Mischung in die Tarteform füllen und etwa 35 Minuten backen. Die Oberfläche bildet dabei eine Kruste und bekommt einige Risse – in der Mitte ist er jedoch noch weich. Auskühlen lassen.

■ Den abgekühlten Kuchen mit dunklen oder hellen Schokoladenspänen garnieren.

Quarksoufflé mit Cranberries

Für 6 Personen

Sie brauchen:
6 kleine Soufflé-
förmchen, große
Auflaufform

4 Eier
250 g Magerquark
1 EL Speisestärke
Saft und Schale von
1/2 Zitrone
100 g Zucker
1 Prise Salz
50 g getrocknete
Cranberries
Zimtzucker zum
Bestreuen
Butter und Zucker
für die Förmchen
Puderzucker zum
Bestäuben

◼ Die Eier so trennen, dass die Eiweiße völlig frei von Eigelb sind.

◼ Die Eigelbe mit Quark, Speisestärke, Zitronenabrieb und Zitronensaft glatt rühren. Das Eiweiß mit dem Zucker und einer Prise Salz steif schlagen. Den Eischnee nach und nach vorsichtig mit einem Schneebesen unter die Quarkmasse heben.

◼ Den Backofen auf 180 °C vorheizen.

◼ Die Souffléförmchen mit Butter fetten und mit etwas Zucker ausstreuen.

◼ Die Cranberries gleichmäßig in die Förmchen geben und jeweils etwas Zimtzucker auf die Cranberries streuen. Die Quark-Ei-Masse auf die Beeren in die Förmchen füllen – sie sollen gut dreiviertel voll sein.

◼ Die Förmchen in eine ausreichend große Auflaufform stellen und mit heißem Wasser füllen, sodass die Förmchen bis maximal zur Hälfte im Wasser stehen.

◼ Die Auflaufform im Ofen auf mittlerer Höhe etwa 20 bis 25 Minuten backen lassen. Während der Backzeit die Ofentüre nicht öffnen, da die Kaltluft die Soufflés zusammenfallen lassen könnte.

◼ Wenn die Soufflés nach der Backzeit aufgegangen und an der Oberfläche gebräunt sind, herausnehmen, sofort mit Puderzucker bestäuben und servieren.

Das Soufflé ist die wohl zarteste Nachspeise. Dazu passt der französische Begriff, der „Atem" oder „Hauch" bedeutet. Und ein Hauch von Süßem ist es auch. Durch die Luftigkeit des Eischnees zusammen mit der Teigmasse entsteht ein lockeres, köstliches Dessert. Wichtig ist dabei die Qualität des Eischnees. Etwas Zitronensäure oder eine Prise Salz erhöht die Stabilität des Eischnees. Damit das Soufflé gelingen kann, müssen Schüsseln und Küchengeräte gekühlt und völlig fettfrei sein. Es darf kein Eigelb in die Eiweißmasse gelangen. Zu guter Letzt ist alles eine Frage der Geduld. Bei vorzeitigem Öffnen des Ofens kann Kaltluft eindringen und das Soufflé zusammenfallen. Es ist zwar immer noch genießbar, aber das Aussehen und die Lockerheit leiden stark darunter. Am besten das Soufflé so zubereiten, dass es sofort nach Fertigstellung serviert werden kann.

Tipp
Sie können statt Cranberries natürlich auch andere Beeren oder Früchte wie z.B. Kirschen oder Rhabarber in die Förmchen füllen.

Schokoladensoufflé mit Zimt

Für 6 Personen

Sie brauchen:
6 kleine Soufflé-
förmchen, große
Auflaufform

60 g Butter
60 g Mehl
220 ml Milch
1/2 TL Zimtpulver
120 g Zartbitterku-
vertüre
5 Eier
90 g Zucker
1 Prise Salz
Puderzucker zum
Bestäuben

▧ Die zimmerwarme Butter und das Mehl in einer Schüssel gut vermengen, sodass es eine Konsistenz bekommt, die einem weichen Mürbteig ähnlich ist.

▧ Die Milch mit dem Zimtpulver in einem Topf verrühren und aufkochen.

▧ Die Kuvertüre mit einem Messer fein hacken.

▧ Die Butter-Mehl-Masse in die heiße Milch einrühren. Zügig bei mittlerer Hitzezufuhr und unter ständigem Rühren „abrösten". Beim Abrösten entsteht auf dem Topfboden eine leichte Schicht. Vorsicht, die Masse brennt leicht an.

▧ Die Masse in eine große Schüssel umfüllen, die gehackte Kuvertüre in die Schüssel zu der heißen Röstmasse geben und unterrühren.

▧ Den Backofen auf 180 °C vorheizen.

▧ Die Eier sauber trennen. Die Eigelbe unter die Schokoladenmasse rühren.

▧ Die Eiweiße, den Zucker und die Prise Salz zu einem steifen Eischnee schlagen und vorsichtig unter die Schokoladenmasse heben.

▧ Schokoladenmousse in die gebutterten und mit Kristallzucker ausgestreuten Förmchen füllen, sodass die Förmchen zu gut dreiviertel gefüllt sind.

▧ Die Förmchen in eine ausreichend große Auflaufform stellen und diese mit heißem Wasser füllen. Die Förmchen sollten maximal bis zur Hälfte im Wasser stehen.

▧ Die Auflaufform in den Ofen auf mittlere Höhe stellen und bei 180 °C etwa 20 bis 25 Minuten backen lassen. Während der Backzeit die Ofentüre nicht öffnen, da die Kaltluft die Soufflés zusammenfallen lassen könnte.

▧ Wenn die Soufflés nach der Backzeit aufgegangen und an der Oberfläche gebräunt sind, herausnehmen, sofort mit Puderzucker bestäuben und servieren.

Tipp
Zu dem Schoko-
ladensoufflé kann
man entweder eine
Vanillesauce (siehe
Rezept Seite 64)
servieren oder Obst
wie Himbeeren oder
filetierte Orangen.

Panna cotta

Für 6–8 Personen

Sie brauchen:
6–8 Gläser

6 Blatt Gelatine
700 g Sahne
70 g Zucker
1 Vanilleschote
Früchte oder Frucht-
püree nach Belieben

▨ Die Gelatine in kaltem Wasser einweichen. Sahne und Zucker in einen Topf geben. Bei einer Vanilleschote mit einem scharfen Messer das Mark auskratzen, das Vanillemark sowie die ausgekratzte Schote mit in die Sahne geben. Alles zusammen aufkochen.

▨ Die Gelatine ausdrücken und in die heiße Sahne geben.

▨ Abkühlen lassen, bis die Masse ganz leicht zu gelieren beginnt und dann auf die Gläser verteilen. Gibt man die Masse bereits warm in die Gläser, setzen sich die Vanille und die Gelatine am Boden ab. Lässt man jedoch die Masse zu sehr abkühlen, dann besteht die Gefahr, dass sie zu fest zum Umfüllen wird. In diesem Fall würde man die Masse einfach noch einmal leicht erwärmen. Die Gläser mindestens 1 Stunde kalt stellen.

▨ Die Panna cotta wird mit Früchten oder mit Fruchtpüree serviert.

Als leichte, frischere Variante kann man statt Sahne auch Buttermilch nehmen. Hier ist aber zu beachten, dass die Masse nur erwärmt aber nicht aufgekocht werden darf, da die Buttermilch sonst ausflockt. Sicherheitshalber sollte die eingeweichte Gelatine in diesem Fall separat erhitzt und dann in die Buttermilchmasse gegeben werden.

Kaiserschmarrn

Sie brauchen:
ofenfeste Pfanne

5 Eier
200 g Mehl
1 Msp. Backpulver
200 ml Milch
Abrieb von einer
1/2 Zitrone
100 g Zucker
1 Prise Salz
80 g Butter
Puderzucker zum
Bestäuben

■ Die Eier trennen. In einer Schüssel das Mehl und das Backpulver vermischen, die Eigelbe, die Milch und den Zitronenabrieb dazugeben und glatt rühren, bis der Teig klumpenfrei ist.

■ Die Eiweiße mit 50 g Zucker und einer Prise Salz steif schlagen. Vorsichtig unter den Teig heben.

■ Den Backofen auf 180 °C vorheizen.

■ Die Hälfte der Butter in einer möglichst beschichteten Pfanne schmelzen. Den Teig einfüllen und vorsichtig auf dem Herd bei mittlerer Hitze anbacken. Die Temperatur des Herdes am besten gleich nach dem Einfüllen etwas zurückschalten.

■ Wenn die Unterseite des Kaiserschmarrns leicht Farbe angenommen hat, dann die Pfanne in den Backofen geben und 5 bis 8 Minuten fertig backen lassen, bis auch die Oberseite fest geworden ist und etwas Farbe angenommen hat.

■ Die Pfanne aus dem Ofen nehmen und wieder auf den Herd (mittlere Temperatur) stellen. Den Teig am besten mit zwei Gabeln in mundgerechte Stücke reißen.

■ Die restliche Butter in der Pfanne schmelzen lassen, den restlichen Zucker hinzugeben und unter Wenden der Teigstücke karamellisieren lassen.

■ Mit Puderzucker bestreuen und sofort servieren.

Wahrscheinlich leitet sich die Namensgebung nicht vom österreichischen Kaiser ab, auch wenn das die prächtigere Erklärung wäre. Eher kommt der Name von Casa – das Haus, und bezeichnete somit schlicht den „Hausschmarrn" – also ein Gericht, was gerührt und in Stücke gerissen wird. Wo immer der Name herkommt, der Kaiserschmarrn entstand im Alpenraum und ist dort bis heute ungebrochen beliebt. In Bayern und in Österreich gilt der Kaiserschmarrn als vollwertige Mahlzeit, er ist jedoch natürlich auch als Dessert oder kleines Gericht zwischendurch köstlich.

Gegessen wird der Kaiserschmarrn am besten mit Preiselbeerkonfitüre oder mit Obstkompott, aber auch mit Apfelkompott oder Zwetschgenröster.

Buttermilch-Limetten-Mousse

Für 6–8 Personen

Sie brauchen:
6–8 Gläser

150 ml Buttermilch
50 g Zucker
10 g Vanillezucker
1 unbehandelte
Limette
200 g Sahne
3 Blatt Gelatine
300 g Beeren (mög-
lichst frisch)
Zitronen- oder
Limettensaft
Zucker zum Mari-
nieren

▓ Buttermilch, Zucker und Vanillezucker verrühren, bis der Zucker möglichst gelöst ist. Die Limettenschale fein abreiben, den Abrieb unterrühren. Die Sahne steif schlagen.

▓ Die Gelatine in kaltem Wasser einweichen. Die Limette auspressen, den Saft erwärmen. Die ausgedrückte Gelatine darin auflösen. 2 bis 3 EL der Buttermilch in die Gelatine zum Abkühlen geben, dann in die restliche Buttermilch einrühren. Die steif geschlagene Sahne vorsichtig unterziehen.

▓ Die Masse in 6 bis 8 Gläser abfüllen. Im Kühlschrank mindestens 2 Stunden durchziehen und fest werden lassen.

▓ Mit Beeren servieren.

Je nachdem welche Beeren Sie zur Verfügung haben, können sie noch ein wenig mariniert werden, z. B. mit Zitronen- oder Limettensaft und etwas Zucker. Bei frischen Erdbeeren nehmen Sie am besten ein wenig Balsamico und Zucker. Sollten Sie nur Tiefkühlbeeren zur Verfügung haben, können Sie eine Fruchtsauce machen, indem Sie die Beeren mit etwas Limettensaft und Zucker pürieren und durch ein feines Sieb streichen. Die Buttermilch-Limetten-Mousse dann mit einem Fruchtspiegel versehen und servieren.

Vanilleparfait

Sie brauchen:
Terrinen- oder
Kastenform

4 Eier
80 g Zucker
10 g Vanillezucker
1 Prise Salz
300 g Sahne

■ Die Eier, den Zucker, den Vanillezucker und die Prise Salz in eine Metallschüssel geben und mit dem Schneebesen verrühren. Die Masse über dem Wasserbad mit dem Schneebesen so lange aufschlagen, bis ein dicker, feinporiger Schaum entsteht. Vom Wasserbad nehmen und weiter schlagen, bis die Masse erkaltet ist. Etwas schneller geht es, wenn man die Metallschüssel nach dem Wasserbad in kaltes oder Eiswasser stellt.

■ Die Sahne mit dem Handmixer steif schlagen. Die geschlagene Sahne mit dem Schneebesen vorsichtig unter die kalte Eimasse heben.

■ Eine längliche Terrinen- oder Kastenform mit Öl einfetten und mit Frischhaltefolie möglichst faltenfrei auslegen. Durch das Öl erhöht sich die Haftung der Folie an der Form.

■ Die Masse einfüllen und mindestens 10 Stunden im Tiefkühler gefrieren lassen.

■ Das fertige Parfait vor dem Servieren auf eine Platte stürzen: Dafür die Terrinenform kurz in heißes Wasser tauchen, stürzen und die Frischhaltefolie entfernen.

■ Das Vanilleparfait schmeckt in der Basisausführung schon wunderbar. Etwas raffinierter wird es jedoch, wenn Sie es ein wenig verfeinern. Sie können beispielsweise folgende Zutaten vor dem Gefrieren in die Parfaitmasse geben:

Karamellisierte Walnüsse, kandierte Früchte, Fruchtmark, Schokoladensplitter, frische Beeren, Orangenlikör und kandierte Orangenstücke, Zimt und Lebkuchengewürz, Lebkuchenstückchen, Biskuitstückchen

■ Je nach Geschmack sind Schokoladensauce, Karamellsauce, Fruchtpüree oder Obstsalat wunderbare Begleiter.

Sie können hier Ihrer Fantasie freien Raum lassen – kreieren Sie Ihr Lieblingsdessert!

„Parfait" ist der französische Ausdruck für „perfekt, hervorragend, vollkommen" – damit wird Halbgefrorenes bezeichnet. Anders als beim Eis, muss während der Herstellung nicht ständig gerührt werden, die Masse gefriert stehend. Der hohe Lecithingehalt des Eigelbs und das Fett aus der Sahne sowie die durch Schlagsahne eingebrachte Luft bewirken eine nicht zu feste Struktur des Gefrorenen und nur kleine Eiskristalle. So kann auch mit vergleichsweise wenig Aufwand ein cremiges Eisdessert zubereitet werden.

Amarettini

Sie brauchen:
Spritzbeutel mit
glatter Lochtülle

200 g abgezogene,
gemahlene Mandeln
200 g Zucker
2 Eiweiß
1/2 Fläschchen
Bittermandel-Aroma
2–3 EL Hagelzucker
1 Eiweiß zum Bestreichen

■ Mandeln und Zucker sehr fein mahlen. 2 Eiweiße leicht anschlagen, sodass sie schon schaumig, aber noch nicht steif sind. Mandel-Zucker-Mischung und das Bittermandel-Aroma dazugeben. Backofen auf 125 °C vorheizen.

■ Den Teig in einen Spritzbeutel mit glatter Lochtülle füllen. Zur Not geht auch einen Gefrierbeutel, dessen eine Ecke man aufschneidet.

■ Auf ein mit Backpapier ausgelegtes Blech kleine Tupfen spritzen. Die kleinen Tupfen mit einem Backpinsel mit flüssigem Eiweiß bestreichen und Hagelzucker darüberstreuen.

■ Ca. 25 Minuten bei 125 °C backen.

Amarettini sind das klassische Gebäck zu italienischem Kaffee. Man kann sie aber auch anderweitig verarbeiten. Sollten einige Ihrer Amarettini nicht so in Form sein, dann probieren Sie damit doch mal folgendes Dessert: Erdbeeren und Himbeeren in einer Schüssel mit etwas Zucker und einem kleinen Schuss Balsamico aromatisieren und 1 Stunde kalt stellen. Mascarpone mit Mandelsirup nach Belieben süßen, Amarettini zerbröseln. In einem Glas pro Person die Beeren, die Amarettinibrösel und die Mandelmascarpone nacheinander schichten, mit einer Beere krönen und servieren. Schnell und köstlich!

Von Herzen

Liebe geht bekanntermaßen durch den Magen – kleine Geschenke erhalten die Freundschaft. Ein mit Liebe gebackenes Mitbringsel lässt sich mit Geld nicht aufwiegen und sagt oft mehr, als tausend Worte.

Cupcakes

Für 12 Cupcakes

Sie brauchen:
Muffinförmchen
Stern- oder Lochtülle

**Klassische
Cupcakes**
150 g Butter
110 g weißer Zucker
110 g brauner
Zucker
3 Eier
80 ml Milch
80 g Sauerrahm
300 g Mehl
9 g Backpulver
Butter zum Ausfetten der Form
oder Papierförmchen

■ Für beide Varianten gleich: Die zimmerwarme Butter zusammen mit dem weißen und dem braunen Zucker schaumig rühren. Milch, Sauerrahm und das Ei miteinander verrühren. Mehl und Backpulver miteinander vermischen. Abwechselnd nach und nach die Milch-Rahm-Mischung und das Mehl zu der Eier-Zucker-Masse geben und mit dem Schneebesen des Handrührgerätes verrühren.

■ Den Backofen auf 180 °C vorheizen.

■ Zusätzlich bei den Schokoladencupcakes: Dunkle Kuvertüre im Wasserbad schmelzen, die geschmolzene Kuvertüre zum Teig geben und verrühren.

■ Die Muffinform ausfetten oder mit Muffinförmchen aus Papier auslegen. Den Teig in die Förmchen füllen, sodass sie ca. zur Hälfte gefüllt sind, denn der Teig geht beim Backen stark auf. Im Ofen in etwa 20 Minuten bei 180 °C backen (Holzstäbchentest). Herausnehmen und abkühlen lassen.

■ Die abgekühlten Cupcakes mit einem Topping verzieren (Rezept siehe rechts). Dazu die gewünschte Creme in einen Spritzbeutel mit einer großen Stern- oder Lochtülle geben und unter gleichmäßigem Druck mit einer kreisförmig-drehenden Bewegung eine Rosette aufspritzen.

Schokoladencupcakes
125 g Butter
90 g weißer Zucker
90 g brauner Zucker
3 Eier
100 ml Milch
100 g Sauerrahm
225 g Mehl
7 g Backpulver
150 g dunkle Kuvertüre
Butter zum Ausfetten der Form
oder Papierförmchen

Toppings für Cupcakes

Grundcreme (auch für Vanille- oder Fruchtcremes)

170 g Frischkäse
170 g Butter
250 g Puderzucker

Den Frischkäse mit dem Schneebesen des Handrührgerätes glatt rühren. Nach und nach die zimmerwarme Butter dazugeben und schaumig rühren. Den Puderzucker in die Masse sieben und unterrühren.

Sie können die Grundcreme nach Belieben aromatisieren, z. B. durch: Vanillemark, Honig, Zimt, Fruchtmark (pürierte und durch ein Sieb gestrichene Himbeeren, Erdbeeren, Blaubeeren, Johannisbeeren, Mango, Pfirsiche, Aprikosen, Bananen …), Eierlikör, andere Liköre oder Spirituosen wie z.B. Amaretto, Grand Manier, Cointreau, Calvados, Cassis, Kaffeelikör, geriebene Nüsse, beispielsweise Walnüsse, Mandeln, Haselnüsse, Erdnüsse, Macadamianüsse.

Varianten

Sie können auch Schokostücke, Rosinen, getrocknete Cranberries oder andere getrocknete Früchte, frische Himbeeren, Zitronat und Orangeat, Zimtpulver, Vanille oder Chili zum Teig geben – seien Sie erfinderisch!

Schokocreme

100 g dunkle Kuvertüre
70 g Sahne
100 g Frischkäse
100 g Butter
50 g Puderzucker

Die Kuvertüre mit einem Messer klein hacken. Die Sahne in einem Topf erwärmen, die gehackte Kuvertüre einrühren und unter Rühren schmelzen lassen. Kalt stellen und komplett erkalten lassen.

Den Frischkäse mit dem Schneebesen des Handrührgerätes glatt rühren. Nach und nach die zimmerwarme Butter dazugeben und schaumig rühren. Den Puderzucker in die Masse sieben und unterrühren. Die kalte Schokoladensahne unterziehen.

Karamellcreme

50 g Sahne
125 g Zucker
30 g Butter
50 g Vollmilchschokolade
200 g Butter
200 g Frischkäse

Sahne in einem Topf erwärmen. Zucker in einem zweiten Topf goldgelb karamellisieren, die warme Sahne langsam zum karamellisierten Zucker geben. Vom Herd nehmen und etwas abkühlen lassen. In die noch warme Karamellsahne 30 g Butter und die gehackte Vollmilchschokolade einrühren und unter Rühren schmelzen. Kalt stellen und komplett auskühlen lassen.

Den Frischkäse mit dem Schneebesen des Handrührgerätes glatt rühren. Nach und nach die zimmerwarme Butter dazugeben und schaumig rühren. Die Karamell-Schokoladen-Sahne unterziehen. Falls sie zu fest sein sollte, vor dem Unterrühren noch einmal kurz erwärmen. Kalt stellen.

Trüffelpralinen

Sie brauchen:
Spritzbeutel mit
glatter Lochtülle

100 g Vollmilch-
Kuvertüre
100 g Zartbitter-
Kuvertüre
100 g Sahne
Aromatisierung
200 g Kuvertüre zum
Überziehen (nach
Belieben weiße,
Vollmilch oder
Zartbitter)

■ Die Vollmilch- und die Zartbitterkuvertüre mit einem Messer hacken. In einem Topf die Sahne erhitzen und kurz aufkochen lassen, vom Herd nehmen. Die gehackte Kuvertüre nach und nach in die Sahne einrühren, bis alles geschmolzen ist und eine homogene, glänzende Masse entstanden ist.

■ Die Masse nun entweder mit trockenen Aromen wie Vanille, Zimt, Chili, Orangenabrieb, gemahlenen Nüssen, Kokosflocken, löslichem Kaffee- oder Espressopulver etc. oder mit Likören oder Spirituosen beispielsweise mit 2 EL Whiskey, Rum, Himbeergeist, Williams Birne, Amaretto, Cointreau, Grand Manier, Calvados, Kaffeelikör etc. aromatisieren.

■ Die Masse abdecken und abkühlen lassen, bis sie beginnt, fester zu werden. Die Masse mit einem Teigschaber in einen Spritzbeutel streichen und mit einer glatten Lochtülle kleine Pralinenkugeln auf ein Backpapier aufspritzen.

■ Die Kugeln nach dem Aufspritzen mindestens 1 Stunde in den Tiefkühler stellen, damit die Kugeln für die Weiterverarbeitung hart genug werden. Es empfiehlt sich, ein Blech oder Küchenbrett welches in das Tiefkühlfach passt, als Trägerunterlage für das Backpapier herzunehmen, damit man die Pralinen besser transportieren kann.

■ Die Kuvertüre zum Überziehen über einem Wasserbad schmelzen und temperieren (siehe Grundlagen Seite 17). Die gefrorenen Pralinen in die geschmolzene Kuvertüre tauchen oder in der geschmolzenen Kuvertüre wälzen. Durch die niedrige Temperatur der Praline wird die Kuvertüre sehr schnell fest.

■ Zum Abschluss empfiehlt es sich, die Pralinen noch in einem trockenen Material zu wälzen, da man sie dann besser aufbewahren und handhaben kann. Dazu eignet sich z.B. Kakaopulver (herb), Schokoladenpulver (süß), Kokosraspeln, gemahlene Nüsse, Zimtzucker, Orangenzucker (Kristallzucker mit Orangenabrieb), Vanillezucker oder Puderzucker.

Saftige Chocolate Cookies

Für ca. 70 Stück

Sie brauchen:
Backblech

50 g Zartbitterscho-
kolade
150 g Butter
150 g Zucker
100 g brauner
Zucker
1 Päckchen Vanille-
zucker
200 g Frischkäse
2 Eier
200 g Mehl
50 g Kakaopulver
1 TL Backpulver
1 Prise Salz
250 g gehackte Zart-
bitterschokolade

▧ Die Schokolade im Wasserbad schmelzen. Die Butter mit dem Zucker und dem Vanillezucker schaumig rühren, dann die geschmolzene Schokolade, den Frischkäse und die Eier unterrühren.

▧ Das Mehl mit einem feinen Sieb in eine Schüssel sieben, mit dem Kakao, dem Backpulver und dem Salz vermischen. Diese Mehlmischung unter die Buttermasse rühren. Zuletzt die gehackte Zartbitterschokolade unterheben.

▧ Den Ofen auf 190 °C Ober-/Unterhitze vorheizen.

▧ Mit Hilfe eines Teelöffels kleine Häufchen mit etwas Abstand auf ein mit Backpapier ausgelegtes Blech setzen. Im vorgeheizten Ofen 10 bis 15 Minuten backen – die Cookies sollten am Ende der Backzeit noch ein wenig weich sein. Nach dem Backen ein paar Minuten auskühlen lassen, damit sie etwas fester werden und beim Runternehmen nicht brechen.

Chocolate Cookies sind die ultimativen amerikanischen Kekse: knusprig–schokoladig. In der Version mit dem Frischkäse werden sie etwas saftiger und schmecken wunderbar aromatisch.

Marshmallows

Sie brauchen:
Zuckerthermometer,
Spritzbeutel, Sili-
konform mit runden
Vertiefungen

280 ml Wasser
6 Blatt Gelatine
620 g Zucker
130 g Glucose (in
einer Konditorei
oder im Internet
bestellen)
2 Eiweiß, zimmer-
warm
1 Prise Salz
Mark einer Vanille-
schote
Lebensmittelfarbe

■ Die Gelatine mit 130 ml Wasser 10 bis 15 Minuten in einem Topf einweichen. In einen zweiten Topf 320 g Zucker mit dem übrigen Wasser (150 ml) und der Glucose geben. Bei milder Hitzezufuhr erwärmen, bis sich der Zucker und die Glucose aufgelöst haben, dann die Hitze erhöhen und zum Kochen bringen. Die Gelatine vorsichtig erwärmen und auflösen.

■ Mit Hilfe eines Zuckerthermometers die Temperatur der Zuckerlösung messen. Wenn die Temperatur 115 °C beträgt, dann das Eiweiß in eine Rührschüssel geben, die aufgelöste Gelatine und die Prise Salz hinzugeben und mit dem Schneebesen eines Handmixers aufschlagen. Wenn der Zuckersirup 121 °C erreicht (Vorsicht, nicht heißer werden lassen, da der Zucker sonst karamellisiert), dann langsamer aufschlagen und den Sirup vorsichtig unter Rühren in die Rührschüssel fließen lassen (am besten am Rand entlang). Wenn der gesamte Sirup eingerührt ist, weiter schlagen bis die Marshmallowmasse Zimmertemperatur erreicht. Dann das Vanillemark hinzufügen.

■ Wenn man mehrfarbige Marshmallows haben möchte, dann jetzt die Masse in gleiche Teile teilen und die Lebensmittelfarbe mit einem Teigschaber unterheben und einarbeiten. Die Marshmallowmasse in Spritzbeutel geben und in die Silikonform einspritzen.

■ Nun den farbigen Streuzucker erstellen. Dafür den restlichen Zucker in so viele Schüsseln, wie Farben vorhanden sind, geben, in jede Schüssel ein paar Tropfen Lebensmittelfarbe geben und so verrühren, dass sich entstehende Klumpen auflösen.

■ Wenn die Marshmallows fest geworden sind, aus der Form entfernen und in dem entsprechend farbigen Zucker wälzen. Unabgedeckt über Nacht trocknen lassen, dann möglichst luftdicht verpacken. Die selbstgemachten Marshmallows halten sich etwa 5 Tage frisch.

Die Marshmallows kann man natürlich auch anders als nur mit Vanille aromatisieren. Sehr lecker schmeckt es auch, wenn man ca. 100 g Fruchtpüree oder 50 ml Fruchtsirup dazufügt. Dann muss man allerdings den Anteil der Gelatine auf 8 Blatt erhöhen. Die selbst gemachten Marshmallows sind zwar etwas anspruchsvoll herzustellen, sind im Geschmack aber wunderbar und übertreffen die industriell gefertigten um Längen. Da allerdings keine Konservierungsstoffe und Weichmacher enthalten sind, halten sie auch nicht so lange – daher frisch verzehren.

Knusperflocken

Sie brauchen:
Backblech

100 g Butter
120 g Zucker
1 Eigelb
2 Eiweiß
300 g kernige Hafer-
flocken
5 g Backpulver
300 g Kuvertüre
(nach Belieben
dunkle oder helle)

▮ Die zimmerwarme Butter mit der Hälfte des Zuckers (60 g) und dem Eigelb schaumig rühren. Das Eiweiß mit der anderen Hälfte des Zuckers zu Schnee schlagen. Den Eischnee mit einem Teigschaber vorsichtig unter die Buttermasse heben. Haferflocken und Backpulver dazugeben.

▮ Den Backofen auf 190 °C vorheizen.

▮ Mit einem Teelöffel die Masse portioniert in Häufchen auf ein mit Backpapier ausgelegtes Backblech geben. Im vorgeheizten Ofen ca. 10 bis 15 Minuten goldgelb backen. Herausnehmen und auskühlen lassen.

▮ Über einem Wasserbad die Kuvertüre schmelzen und temperieren (siehe Grundlagen Seite 17). Die Knusperflocken mit einer Gabel eintauchen und auf dem Backpapier abtropfen und trocknen lassen.

▮ In einer Keksdose aufbewahren.

▮ Sie können natürlich auch die Menge der Haferflocken auf 250 g reduzieren und dafür 50 g gehackte oder gestiftelte Mandeln, Haselnüsse, Walnüsse etc. hinzufügen – oder aber auch mit Rosinen, Cranberries, Orangeat oder Zitronat eine etwas fruchtigere Variante wählen.

Es gibt auch eine vereinfachte Variante: Dazu die Haferflockenmasse auf das Backpapier aufstreichen und goldgelb backen lassen. Nach dem Abkühlen in Stücke brechen, die dann mit der geschmolzenen Kuvertüre überzogen werden. Das sieht nicht ganz so gleichmäßig aus, schmeckt aber natürlich genau so lecker!

Cantuccini

Sie brauchen:
Pfanne, Backblech

125 g weiche Butter
200 g Zucker
1 TL gemahlener
Zimt
3 Eier
100 g gemahlene
Mandeln
100 g Mandelstifte
1/4 TL Salz
350 g Dinkel-Voll-
kornmehl
1/2 Päckchen Back-
pulver
1 Päckchen Früch-
temix (Orangeat,
Zitronat und Beleg-
kirschen)
Zimtzucker zum
Bestreuen (50 g
Zucker und 1/2 TL
Zimtpulver)

■ Die Eier trennen. Butter, Zucker und Zimt schaumig aufschlagen, Eigelbe nach und nach unterrühren. Die gemahlenen Mandeln und die Mandelstifte in einer Pfanne ohne Fett anrösten. Am besten die Mandelstifte zuerst in die Pfanne geben, denn sie brauchen etwas länger. Abkühlen lassen.

■ Den Backofen auf 180 °C vorheizen.

■ Den Früchtemix aus Orangeat, Zitronat und Belegkirschen fein hacken. Die Eiweiße und Salz steif schlagen. 3 EL Eischnee für später zurückbehalten. Den restlichen Eischnee mit der Butter-Eigelb-Masse vermischen, die gerösteten gemahlenen Mandeln und Mandelstifte, das Dinkel-Vollkornmehl, das Backpulver, das Salz, die fein gehackten Früchte dazugeben und zu einem Teig kneten.

■ Aus dem Teig Rollen formen, mit dem restlichen Eischnee einpinseln und mit Zimtzucker bestreuen. Bei 180 °C 25 bis 30 Minuten backen, aus dem Ofen nehmen und noch heiß vorsichtig in ca. 1,5 cm dicke Scheiben schneiden. Wieder in den Ofen geben und bei 160 °C weitere 10 bis 15 Minuten backen. Auskühlen lassen und in einer Keksdose verwahren. Die Cantuccini sind 2 bis 3 Monate haltbar.

Cantuccini sind Klassiker in der italienischen Küche und das ganze Jahr über populär. Sie sind ein traditionelles Gebäck aus der italienischen Provinz Prato, nahe Florenz. Sie werden wie Zwieback doppelt gebacken, zuerst als längliche Laibe und dann in Scheiben, wodurch sie mürbe und haltbar werden.

Ein klassisches Dessert in Italien ist Cantuccini, die in Vin Santo – einem süßen, toskanischen Dessertwein – getaucht und dann gegessen werden. Dadurch, dass sie gut haltbar sind, werden Cantuccini auch zu idealen Geschenken – vielleicht auch zusammen mit einer Flasche Vin Santo.

Weihnachtscantuccini

Auch zu Weihnachten kann man sie wunderbar reichen – das Mandelaroma lässt sich
hervorragend mit weihnachtlichen Gewürzen
kombinieren. Dazu einfach 1 TL Lebkuchen-
Gewürzmischung in den Teig geben und wie
beschrieben weiter verarbeiten. Hervorragend!

Madeleines

Sie brauchen:
Madeleine-Förm-
chen (Form mit
muschelförmigen
Vertiefungen)

90 g Butter
2 Eier
75 g Zucker
10 g brauner Zucker
90 g Mehl
1 EL Butter zum
Einfetten
10 g Honig
1 Prise Salz

▨ Die Butter bei leichter Hitze zum Schmelzen bringen. Die Eier,
den Zucker und die Prise Salz schaumig aufschlagen. Das Mehl
darübersieben und einarbeiten. Die geschmolzene Butter und
den Honig dazugeben und verrühren. Den Teig 1 Stunde ruhen
lassen.

▨ Den Backofen auf 190 °C vorheizen.

▨ Den Esslöffel Butter schmelzen und die Madeleine-Form damit
ausstreichen. Den Teig in die Förmchen geben und ca. 10 Minuten backen.

Variante für Erwachsene: Orangen-Madeleines
Madeleines wie oben beschrieben zubereiten. 30 g Zucker mit
6 TL Wasser aufkochen, abkühlen lassen. 4 EL Orangenlikör dazugeben. Die lauwarmen Madeleines kurz in diesen Orangensirup
tauchen.

Bei dem Abfassen dieses Rezeptes habe ich mich an ein altes
französisches Kochbuch aus der Zeit Marcel Prousts gehalten –
denn das ist sicher eine der literarischsten kulinarischen Assozi-
ationen: die „petit madeleine" aus Prousts großem Werk „Auf der
Suche nach der Verlorenen Zeit". Der Geschmack einer in Tee ge-
tunkten Madeleine ist der Katalysator für die Reise in die Erinnerung, in die Kindheit:

„Und mit einem Mal war die Erinnerung da. Der
Geschmack war der jenes kleinen Stücks einer Madeleine,
das mir am Sonntagmorgen in Combray (weil ich an
diesem Tag vor dem Hochamt nicht aus dem Hause ging),
sobald ich ihr in ihrem Zimmer guten Morgen sagte,
meine Tante Leonie anbot, nachdem sie es in ihrem
schwarzen oder Lindenblütentee getaucht hatte."

Shortbread Fingers

Sie brauchen:
Backblech

350 g Mehl
100 g Stärke
3 1/2 TL Backpulver
225 g Butter
175 g Zucker
1 Prise Salz
Buttervanille-Aroma

■ Mehl, Stärke und Backpulver mischen. Butter, Zucker und Salz schaumig schlagen, dabei einige Tropfen von dem Buttervanille-Aroma zugeben.

■ Die Mehlmischung langsam dazugeben und gut zu einem lockeren, krümeligen Teig vermischen. Das geht am besten mit dem Knethaken der Küchenmaschine.

■ Den Teig gleichmäßig auf ein mit Backpapier ausgelegtes Backblech verteilen, fest andrücken und die Oberfläche mit dem Teigroller glätten. Den Teig einige male mit einer Gabel einstechen.

■ Den Backofen auf 170 °C vorheizen und das Shortbread im vorheizten Backofen 20 bis 25 Minuten hellgelb backen.

■ Aus dem Ofen nehmen und sofort mit einem Messer in ca. 1,5 x 6 cm große Streifen schneiden. Abkühlen lassen und in einer gut schließenden Keksdose aufbewahren.

Marzipanfiguren

Sie brauchen:
100 g Marzipanroh-
masse
50 g Puderzucker
Lebensmittelfarbe

■ Marzipanrohmasse und Puderzucker sollen immer im Verhältnis von 2:1 zueinander verwendet werden!

■ Die Marzipanrohmasse zusammen mit dem gesiebten Puderzucker verkneten. Dies sollte zügig geschehen, da bei längerem
Kneten das Mandelöl austreten kann. Das Marzipan mit Lebensmittelfarbe nach Belieben einfärben.

■ Wichtig hierbei ist vor allem, dass Hände und Arbeitsfläche
penibel gereinigt sind. Bei einer bakteriellen Verunreinigung des
Marzipans kann dieses zu gären anfangen!

■ Sie können das gefärbte Marzipan nun in jede gewünschte
Figur bringen. Hilfreiche Accessoires hierbei sind Holzstäbchen,
Löffel, Messer, aber auch Zuckerperlen, Schokostreusel und Nüsse, z.B. für Schweineohren. Gefärbtes, nicht verarbeitetes Marzipan können Sie abgedeckt im Kühlschrank lagern.

Viele Kuchen werden mit Marzipanfiguren verziert, so z. B.
die Rüeblitorte mit kleinen Karotten. Aber auch Figuren,
Zahlen und Schrift aus Marzipan werden zur Verzierung von
Torten für bestimmte Anlässe benötigt. Oder Sie bereiten
für Silvester Ihre eigenen kleinen Glücksschweinchen zu. Sie
können hier Ihrer Kreativität freien Lauf lassen!

Stille Zeit

In den Wochen vor Weihnachten werden die Tage kürzer und bei all dem Vorweihnachtsstress das Bedürfnis nach Geborgenheit und Stille größer. Mit kaum etwas anderem verbinden wir so viel Glück und Zufriedenheit wie mit dem Geruch nach frischen Plätzchen. Raffiniert zubereitet sind sie obendrein ein Augenschmaus und eine Gaumenfreude.

Stollenkonfekt

▓ Rosinen, fein gehacktes Orangeat und Zitronat, gehackte Mandeln und Rum vermischen und möglichst über Nacht durchziehen lassen.

▓ Mit der Hälfte des Mehls, dem Zimt, Zucker, der lauwarmen Milch, der Hefe und der Prise Salz einen Vorteig bereiten und 30 Minuten ruhen lassen.

▓ Nach der Ruhezeit das restliche Mehl und die weiteren Zutaten (Butter, Puderzucker und Marzipan) einkneten, sodass eine homogene Teigmasse entsteht. Den Teig nochmals 30 Minuten ruhen lassen.

▓ Aus dem fertigen Teig Rollen von ca. 3 cm Durchmesser formen und mit dem Messer in 2 cm lange Stücke schneiden. Die Teigstücke auf ein mit Backpapier ausgelegtes Blech legen. Achten Sie auf genügend Abstand und lassen Sie den Teig weitere 30 Minuten ruhen.

▓ Den Backofen auf 175 °C vorheizen. Das Konfekt 15 Minuten backen. Nach dem Backen kurz abkühlen lassen.

▓ Butter in einem kleinen Topf langsam schmelzen. Die noch warmen Konfektstücke in die flüssige Butter tauchen und zum Schluss in Puderzucker wälzen.

Das Stollenkonfekt hat eine wunderbare zart-buttrige Note und schmeckt herrlich saftig.

Caipirinhaplätzchen

Sie brauchen:
Ausstecher,
Backpinsel

200 g Mehl
100 g Zucker
1 TL Vanillezucker
120 g Butter
1 Eigelb
1 Prise Salz
Abrieb von 1 Limette

80 ml Limettensaft
1 EL Cachaça (brasili-
anischer Zuckerrohr-
schnaps)
200 g Puderzucker

■ Mehl, Zucker, Vanillezucker, zimmerwarme Butter, Eigelb, Salz und die Limettenschale miteinander mit dem Knethaken des Handrührgerätes zu einem Mürbteig verkneten. Teig zu einer Kugel formen, mit Frischhaltefolie abdecken und ca. 2 Stunden im Kühlschrank ruhen lassen.

■ Den Backofen auf 170 °C vorheizen.

■ Den Teig auf einer leicht bemehlten Fläche ausrollen und mit einem Ausstecher nach Belieben ausstechen.

■ Teigstücke auf ein mit Backpapier ausgelegtes Backblech legen, und im Ofen etwa 8 bis 10 Minuten goldgelb backen. Abkühlen lassen.

■ Den Puderzucker mit dem Limettensaft und dem Cachaça zu einer Glasur verrühren. Mit einem Backpinsel die Oberfläche der Plätzchen mit der Glasur bestreichen. Nach dem Trocknen in einer Keksdose aufbewahren.

Tipp
Eine köstliche Variante sind gefüllte Caipirinha-Plätzchen: Dazu nur die Hälfte der Plätzchen mit der Glasur bestreichen. Auf die andere Hälfte je einen Klacks Limettengelee oder Zitronenmarmelade geben. Je ein glasiertes Plätzchen daraufsetzen und trocknen lassen. Den Limettengeschmack kann man noch etwas verstärken, wenn man in die Glasur noch geriebene Limettenschale gibt.

Schokobohnen

Sie brauchen:
Spritzbeutel

100 g Butter
100 g Zucker
10 g Vanillezucker
Abrieb von einer
1/2 Zitrone
2 Eier
150 g Mehl
1/4 Päckchen Back-
pulver
1 EL Kakao
Himbeerkonfitüre
zum Füllen
250 g dunkle Kuver-
türe zum Überziehen

■ Die zimmerwarme Butter mit dem Zucker, dem Vanillezucker und dem Zitronenabrieb cremig rühren, aber nicht zu schaumig. Die Masse soll eine glatte, homogene Konsistenz haben. Die zwei Eier nach und nach unterrühren.

■ In die Butter-Zucker-Masse das Mehl, das Backpulver und den Kakao einarbeiten (am besten miteinander in ein feines Sieb geben und in die Masse sieben, damit sich Mehl, Backpulver und Kakao gut mischen und klumpenfrei werden). Die Masse kurz durchrühren.

■ Den Backofen auf 180 °C vorheizen.

■ Die Masse in einen Spritzbeutel geben und auf ein mit Backpapier ausgelegtes Backblech in Bohnenform (kleine Bögen) aufspritzen. Die Bohnen sollten alle ungefähr die gleiche Größe haben, da immer zwei formgleiche am Schluss zusammengefügt werden. Genügend Abstand zwischen den Teigbohnen lassen, da der Teig beim Backen noch etwas aufgeht.

■ Im Ofen bei 180 °C etwa 12 Minuten backen. Auskühlen lassen.

■ Nach dem Abkühlen immer je zwei Bohnen mit Himbeerkonfitüre zusammenfügen, indem auf den Boden einer Bohne ein kleiner Klecks Konfitüre gegeben wird, und die zweite Bohne ebenfalls mit dem Boden leicht darangepresst wird.

■ Kuvertüre schmelzen und temperieren (siehe Grundlagen Seite 17) und die Bohnen kurz entweder zur Hälfte eintauchen, oder jeweils beide Spitzen kurz eintauchen.

■ Die Bohnen auf Backpapier trocknen lassen. Trocken und verschlossen aufbewahren.

Zimttaler

Sie brauchen:
Backpapier, runde
Ausstecher, Back-
blech

200 g Butter
150 g Zucker
120 g fein gemahle-
ne Haselnüsse
1 Eigelb
1/2 TL Zimtpulver
Abrieb einer 1/2 Zi-
trone
2 EL Vanillezucker
200 g dunkle Kuver-
türe
Zimtzucker (100 g
Zucker und 1 gestri-
chener TL Zimtpulver
vermischt)

■ Aus der Butter, dem Zucker, den gemahlenen Haselnüssen, dem Eigelb, dem Zimtpulver, dem Zitronenabrieb und dem Vanillezucker einen Mürbteig kneten, zur Kugel formen und mindestens 2 Stunden kühl stellen.

■ Den Backofen auf 180 °C vorheizen.

■ Den Teig 3 mm dick ausrollen, runde Taler ausstechen und auf ein mit Backpapier ausgelegtes Backblech legen.

■ Im Ofen 12 Minuten backen, bis sie goldbraun sind. Herausnehmen und auskühlen lassen.

■ Zimtzucker auf einen Teller geben. Kuvertüre schmelzen.

■ Auf eine Seite des Zimttalers mit einem Backpinsel die flüssiger Kuvertüre auftragen. Am besten nehmen Sie die Unterseite, da sie in der Regel unregelmäßiger ist, was durch die Kuvertüre kaschiert wird. Die Taler mit der noch nicht festen Kuvertüreseite in den Zimtzucker drücken und trocknen lassen.

Tipp
In einer verschlossenen Keksdose aufbewahren.

Mandelduchesse

Sie brauchen:
Spritzbeutel, Pfanne,
Backblech

100 g feingeriebene
Mandeln
5 Eiweiß
150 g Zucker
40 g Mehl
1 Msp. Zimtpulver
40 g Butter
3 EL Mandelsplitter
zum Bestreuen
300 g Mandelnougat
Puderzucker zum
Bestäuben

■ Die Mandeln in einer Pfanne kurz anrösten. Eiweiße und Zucker zu Schnee schlagen, den Zucker, das Mehl, die angerösteten und leicht abgekühlten Mandeln und den Zimt mit dem Eischnee vermischen und die zimmerwarme Butter unterheben, sodass eine homogene Masse entsteht.

■ Backofen auf 170 °C vorheizen.

■ Die Masse in einen Spritzbeutel einfüllen und mit einer glatten Lochtülle ca. 5 Cent große Tupfen auf Backpapier aufspritzen. Lassen Sie zwischen den Tupfern bitte etwas Abstand, da die Masse beim Backen auseinanderläuft. Die Teigtupfen mit Mandelsplittern bestreuen. Im vorgeheizten Ofen 15 Minuten backen. Auskühlen lassen.

■ Mandelnougat in einem Topf anwärmen, damit es geschmeidig wird. Je zwei Mandelplätzchen mit einem Klacks Mandelnougat füllen und leicht zusammenpressen. Mit Puderzucker bestäuben.

Buttersterne

Sie brauchen:
Backpapier, Stern-
ausstecher, evtl.
Zimtsternausstecher

5 Eigelb
80 g Puderzucker
250 g Butter
340 g Weizenmehl
1 Prise Salz
Abrieb von einer
1/2 Zitrone

■ Wasser in einem Topf zum Kochen bringen. Die Eigelbe sofort nach dem Trennen vorsichtig in das kochende Wasser gleiten lassen und darin 8 Minuten köcheln lassen.

■ Die Eigelbe abkühlen lassen, durch ein Sieb passieren oder einfach mit einer Gabel zerdrücken und mit dem Puderzucker, der zimmerwarmen Butter, dem Mehl, dem Salz und dem Zitronenabrieb zu einem Mürbteig verarbeiten. Zu einer Kugel formen, in Folie wickeln und mindestens 1 Stunde im Kühlschrank ruhen lassen.

■ Den Backofen auf 190 °C vorheizen.

■ Danach den Teig ca. 8 mm dick ausrollen, Sterne ausstechen, und auf ein mit Backpapier ausgelegtes Backblech legen. Im Ofen ca. 12 bis 15 Minuten goldgelb backen.

■ Nach dem Backen die Sterne sofort in Vanillezucker wenden. Auskühlen lassen und trocken und verschlossen aufbewahren.

Tipp
Übrig gebliebenes Eiweiß können Sie, wenn Sie es nicht zeitnah verwenden wollen (in z. B. einem gesunden Rührei mit mehr Eiweiß als Eigelb) auch sehr gut einfrieren. Wie bei allen Gefrierprodukten liegt auch hier die Qualität im langsamen Wiederauftauen. Dann können Sie das Eiweiß gut für einen anderen Zweck weiterverwenden.

Vanillekipferl

Sie brauchen:

Backpapier,
Backblech

200 g weiche Butter
100 g Zucker
1 Prise Salz
100 g geschälte, ge-
mahlene Mandeln
220 g Mehl
150 g Vanillezucker
(siehe Grundlagen
Seite 16)

■ Mehl und Mandeln auf eine Arbeitsfläche geben, mit der Butter, dem Zucker und einer Prise Salz verkneten und zu einem glatten Teig verarbeiten. Den Teig zu einer Kugel formen und im Kühlschrank ca. 1 Stunde ruhen lassen.

■ Den Teig zu ca. 1 Euro dicken Rollen formen. 5 mm dicke Scheiben abschneiden und in den Handflächen zu einem Kipferl, also einem Hörnchen, formen. Falls das Kipferl nicht ganz gleichmäßig wird, ist das nicht so schlimm, da der Teig im Ofen ein wenig zergeht und damit wieder etwas ebenmäßiger wird.

■ Den Backofen auf 180 °C vorheizen.

■ Die Kipferl mit etwas Abstand voneinander auf ein mit Backpapier ausgelegtes Blech geben.

■ Ungefähr 10 Minuten backen, bis die Kipferl goldgelb sind.

■ Nach dem Backen kurz abkühlen lassen und noch warm in reichlich Vanillezucker wälzen.

Tipp

Vanillekipferl sind die wohl beliebtesten deutsch-österreichischen Plätzchen. Ich wälze sie vorzugsweise in selbst gemachtem Vanillezucker, was die Konsistenz des Kipferls meines Erachtens leckerer als bei Puderzucker macht und das herrliche Vanillearoma besonders gut herausstreicht.

Schokomuscheln

■ Eiweiße und Puderzucker zu Schnee schlagen. Marzipan weichkneten und mit einem Teil des Eischnees vermischen, damit es geschmeidiger und klumpenfreier wird. Das Marzipan mit dem restlichen Eischnee, den geriebenen Mandeln, dem fein gehackten Orangeat und dem Kakaopulver vermischen.

■ Backofen auf 170 °C vorheizen.

■ Aus der Masse kleine Kugeln formen. Die Größe der Kugeln ist von der Größe der Muschelform abhängig. Am besten eine Probekugel machen, um die optimale Größe für die jeweilige Form herauszufinden.

■ Die Masse in Kristallzucker wälzen. Dadurch sind die Muscheln weniger klebrig und gleiten besser aus der Form. Dazu am besten Zucker auf einen Teller streuen, die Kugeln darin rollen und gezuckert in eine Muschelform drücken.

■ Vorsichtig wieder aus der Form holen und auf ein mit Backpapier ausgelegtes Backblech legen.

■ Im vorgeheizten Ofen 15 Minuten backen.

■ Kuvertüre schmelzen und temperieren (siehe Grundlagen). Die abgekühlten Schokomuscheln entweder zur Hälfte oder nur mit dem Boden in die Kuvertüre tauchen. Auf Backpapier trocknen lassen.

Tipp
Am besten in einer
Keksdose verwahren,
dann bleiben sie
lange frisch
und saftig.

Kokosmakronen

Sie brauchen:
Backblech, Thermometer, Spritzbeutel

500 g Zucker
7 Eiweiß
350 g feine Kokosraspeln
50 g fein gehacktes Orangeat
25 g fein gehacktes Zitronat
Oblaten (Ø 3cm)

■ Eiweiße mit Zucker zu einem festen Eischnee aufschlagen und Kokosraspeln dazugeben. Die Ei-Kokos-Masse in einen Topf geben und auf dem Herd unter ständigem Rühren auf ca. 60 °C erhitzen („abrösten"). Idealerweise einen Kupfertopf verwenden, es funktioniert aber auch mit jedem anderen guten Topf. Die Temperatur mit einem Thermometer kontrollieren, damit die Masse nicht zu heiß wird. Durch das Abrösten wird die Masse etwas homogener, da das Eiweiß bei 60 °C ein wenig gerinnt.

■ Backofen auf 180 °C vorheizen.

■ Das fein gehackte Orangeat und Zitronat unter die abgeröstete Masse rühren.

■ Mit einem Teigschaber die Masse in einen Spritzbeutel einfüllen und – am besten mit Sterntülle Nr. 10 oder größer – auf die Oblaten aufspritzen.

■ Im Ofen 15 bis 20 Minuten backen. Die Makronen sollen nur ein wenig Farbe annehmen.

■ Auskühlen lassen und kalt in einer Keksdose aufbewahren.

Baumkuchensterne

Sie brauchen:
Backblech

8 Eigelb
100 g Marzipanrohmasse
250 g Butter
Abrieb einer 1/2 Zitrone
1 Prise Salz
2 EL Vanillezucker
2 cl Grand Manier
8 Eiweiß
250 g Zucker
100 g Mehl
400 g dunkle Kuvertüre

▦ Eigelbe und Marzipan miteinander cremig verrühren. Zimmerwarme Butter mit Zitronenabrieb, Salz, Vanillezucker und dem Grand Manier schaumig rühren.

▦ Eiweiße mit Zucker zu Schnee schlagen, das Mehl unterheben. Danach die beiden Massen vorsichtig und homogen miteinander vermischen.

▦ Backofen auf 230 °C vorheizen.

▦ Der Name „Baumkuchen" kommt von dem schichtartigen Aufbau des Kuchens – wie bei den Ringen eines Baumes. Die Schichten entstehen durch den schrittweisen Backprozess:

▦ Ein Fünftel der Masse dünn auf ein mit Backpapier ausgelegtes Blech streichen und im vorgeheizten Ofen mit Oberhitze bei 230 °C 5 bis 8 Minuten hellbraun backen.

▦ Den Teig herausnehmen und auf den schon gebackenen Teig ein weiteres Fünftel der Masse aufstreichen und wiederum hellbraun backen. Dies nach und nach wiederholen, bis der Teig aufgebraucht ist.

▦ Nachdem die letzte Schicht goldbraun gebacken wurde, den Teig herausnehmen und abkühlen lassen.

▦ Aus den Teigstücken mit einem Ausstecher Sterne ausstechen.

▦ Kuvertüre schmelzen und temperieren (siehe Grundlagen Seite 16). Die Baumkuchensterne in die Kuvertüre tauchen und auf Backpapier trocknen lassen.

▦ Verschlossen aufheben.

Durch das schichtweise Backen der Teigschichten, wobei immer nur die Oberseite erhitzt wird, wird der Baumkuchen sehr aromatisch und saftig. Mit dem Schokoladenüberzug behält er seine Saftigkeit noch länger.

Zimtsterne

Sie brauchen:
Backblech, Messer
oder Palette
Ausstecher in Stern-
form, am besten
einen speziellen
Zimtsternausstecher

6 Eiweiß
700 g Puderzucker
Abrieb und Saft von
1 Zitrone
600 g braune, fein
gemahlene Mandeln
100 g fein gehacktes
Orangeat
100 g fein gehacktes
Zitronat
100 g Marzipanroh-
masse
8 g Zimt
1 g Nelkenpulver
Puderzucker zum
Ausrollen

■ Eiweiße, Puderzucker, Zitronensaft und Zitronenschale mit dem Handrührgerät zu einer relativ festen Eiweißglasur aufschlagen. Die Glasur ist dann fertig, wenn beim Aufschlagen die Masse nicht mehr an Volumen zunimmt. Ein Viertel der Glasur entnehmen und mit etwas Zitronensaft und Zitronenschale verrührt zum späteren Aufstreichen beiseite stellen.

■ Restliche Eiweißglasur mit den gemahlenen Mandeln, dem Orangeat und Zitronat, der Marzipanrohmasse, dem Zimt und dem Nelkenpulver vermischen.

■ Den entstandenen Teig auf einer mit Puderzucker bestäubten Fläche ausrollen, Ausrollstärke hierbei ca. 10 mm.

■ Die vorhin beiseite gestellte und mit Zitrone aromatisierte Eiweißglasur aufstreichen.

■ Mit einem Sternausstecher Zimtsterne ausstechen und ungefähr 1 Stunde auf einem mit Backpapier ausgelegten Backblech trocknen lassen.

■ Die Zimtsterne müssen schonend gebacken werden, sodass sie einerseits durch werden, andererseits die Glasur durch die Hitze keine Farbe annimmt. Also nur bei 140 °C bis 150 °C ca. 20 Minuten backen, danach auskühlen lassen.

Beim Aufschlagen von Eiweiß gibt man in der Regel etwas Salz oder – wie in diesem Rezept – Zitronensaft hinzu. Dadurch lässt sich das Eiweiß besser aufschlagen. Durch die Zitrone wird der Eischnee oder die entstandene Glasur außerdem weißer und stabiler.

Marzipanlebkuchen

Sie brauchen:
Backblech, Spritz-
beutel

150 g Honig
100 g Zucker
250 g Weizenmehl
125 g Roggenmehl
10 g Speisenatron
1 Ei
1 Eigelb
100 g Butter
5 g Vanillezucker
Schale einer 1/2 Zi-
trone
2 TL Lebkuchenge-
würz
200 g Marzipanroh-
masse
4 cl Kirschwasser
400 g dunkle Kuver-
türe

Honiggesüßte Kuchen gab es schon in der Antike. Der Lebku-chen, den wir heute kennen, hat sich in vielen Schritten zu dem entwickelt, was er heute ist: das wichtigste Weihnachtsgebäck.

▥ Honig und Zucker gemeinsam in einen kleinen Topf geben und auf dem Herd bei niedriger Temperatur leicht erwärmen. In einer Schüssel Weizenmehl, Roggenmehl und Natron vermi-schen, dann das Ei und das Eigelb, die weiche, zimmerwarme Butter, Vanillezucker, Zitronenschale und das Lebkuchengewürz zu einem homogenen Teig verkneten.

▥ Den Teig zu einer Kugel formen und mindestens 2 Stunden zugedeckt im Kühlschrank ruhen lassen.

▥ Backofen auf 180 °C vorheizen.

▥ Den Teig nach der Ruhezeit auf einer bemehlten Fläche mit ei-nem Rundholz ca. 3 mm dick ausrollen, in der gewünschten Grö-ße, z.B. 5 cm, ausstechen und auf ein mit Backpapier ausgelegtes Backblech mit etwas Abstand setzen.

▥ Etwa 8 Minuten backen und danach abkühlen lassen.

▥ Marzipanrohmasse mit Kirschwasser geschmeidig verkneten. Alternativ kann man natürlich auch andere Geschmacksrichtun-gen verwenden: Arrak, Grand Manier, Rum, aber auch Aromen ohne Alkohol wie Orangensaft oder Läuterzucker.

▥ Das Marzipan in einen Spritzbeutel mit Tülle geben. Mit einer Lochtülle am besten eine Halbkugel formen, mit der Sterntülle eine Spitze.

▥ Einige Stunden oder über Nacht trocknen lassen.

▥ Die dunkle Kuvertüre im Wasserbad schmelzen bzw. temperie-ren (siehe Grundlagen Seite 16).

▥ Die kalten, getrockneten Lebkuchen mit einer Gabel in die Ku-vertüre tauchen, den Boden abstreifen und die Lebkuchen auf ein Backpapier zum Trocknen setzen. Achten Sie darauf, dass die Raumtemperatur nicht zu hoch ist, denn sonst wird die Kuvertü-re nicht hart. Mit der Kuvertüreschicht bleiben Lebkuchen länger frisch und saftig.

Elisenlebkuchen

Sie brauchen:
Backblech

200 g Eiweiß
230 g Zucker
1 Prise Salz
150 g Marzipanroh-
masse
3 g Hirschhornsalz
190 g feingeriebene
Mandeln
60 g gehackte Man-
deln
60 g gemahlene
Nüsse
50 g Weizenmehl

10 g Lebkuchenge-
würz
50 g fein gehacktes
Zitronat
50 g fein gehacktes
Orangeat
25 Backoblaten
(Ø 9cm)

Für die Glasur:
1 Eiweiß
1 EL Zitronensaft
100 g Puderzucker

geschälte Mandeln
zum Dekorieren

▨ Eiweiß, Zucker und ein Prise Salz zu Schnee verschlagen. Die Marzipanrohmasse mit dem Hirschhornsalz vermengen und mit etwas Eischnee glatt arbeiten. Die Mandeln, die Nüsse, das Mehl, das Lebkuchengewürz sowie Zitronat und Orangeat mischen und mit der Eischneemasse vermengen.

▨ Die Lebkuchenmasse auf Oblaten aufstreichen und 24 Stunden trocknen lassen.

▨ Den Backofen auf 170 °C vorheizen. Die Lebkuchen 25 Minuten backen.

▨ Eiweiß, Zitronensaft und Puderzucker vermengen und die noch warmen Lebkuchen mit der Glasur bestreichen.

Aprikosenlebkuchen

Sie brauchen:
Backblech, Plätz-
chenform

140 g Weizenmehl
360 g Roggenmehl
150 g geschälte, ge-
mahlene Mandeln
10 g Speisenatron
200 g warmen Honig
200 g Zucker
200 g getrocknete,
fein gehackte Apri-
kosen

2 Eier
50 g zerlassene
Butter
Schale von 1 Zitrone
1 TL Rum
1 TL Lebkuchenge-
würz

Milch zum Bestrei-
chen
Mandeln zum Be-
legen

▨ Alle Zutaten zu einem Teig verkneten und im Kühlschrank 12 Stunden ruhen lassen.

▨ Backofen auf 170 °C vorheizen.

▨ Den Teig leicht durchkneten, 10 mm stark ausrollen, mit einer Plätzchenform ausstechen. Mit Milch bestreichen und mit Mandeln belegen.

▨ Im vorgeheizten Backofen ca. 8 Minuten backen.

Haselnusslebkuchen

Sie brauchen:
Backblech, Spritz-
beutel

100 g Marzipan-
rohmasse
200 g gemahlene
Haselnüsse
100 g Zucker
50 g Orangen-
marmelade
3 Eiweiß (M)
2 TL Lebkuchen-
gewürz
1 TL gemahlener
Zimt
1 Msp. Hirschhorn-
salz
25 Backoblaten
(Ø 5 cm)
200 g Zartbitterku-
vertüre (70 %)

▨ Marzipan grob raspeln. Marzipan, Haselnüsse, Zucker, Orangenmarmelade, Eiweiße, Lebkuchengewürz, Zimt und Hirschhornsalz in eine große Schüssel geben und mit dem Handrührgerät mit Knethakenaufsatz 5 Minuten verkneten.

▨ Backofen auf 190 °C vorheizen.

▨ Oblaten auf einem mit Backpapier belegten Blech verteilen.
Den Lebkuchenteig in einen Spritzbeutel mit großer Lochtülle
füllen und dicke Tupfen auf die Oblaten spritzen. Unregelmäßig-
keiten mit einem nassen Finger glatt drücken.

▨ Die Lebkuchen im Backofen auf der mittleren Schiene 12 bis
15 Minuten backen, dann auf einem Kuchengitter vollständig
auskühlen lassen.

▨ Kuvertüre fein hacken und im warmen Wasserbad schmelzen,
dabei ab und zu umrühren. Die Haselnusslebkuchen kopfüber in
die Kuvertüre tauchen, etwas abtropfen lassen, auf Backpapier
setzen und fest werden lassen.

▨ Die Haselnusslebkuchen zwischen Lagen von Pergamentpa-
pier in Blechdosen schichten. Kühl und trocken gelagert halten
sie sich ca. 4 Wochen.

Die Lebkuchenbäckerei ist ein fester Bestandteil der Weihnachtszeit und heute noch ein Handwerk, das auf eine sehr lange Tradition zurückblicken kann. Auch wenn es mit Honig gesüßte Kuchen seit der Antike gibt, die Form, die wir als Lebkuchen kennen, existiert bei uns seit gut 1000 Jahren: gesüßt mit Honig und gewürzt mit orientalischen Gewürzen, vor allem Zimt, Nelken, Anis, aber auch Kardamom, Koriander, Muskat und Ingwer (von dem sich auch der englische Begriff für Lebkuchen – Gingerbread, also Ingwerbrot – ableitet). Diese Gewürze sind es auch, die im Mittelalter als „Pfeffer" bezeichnet dem Lebkuchen auch den Namen „Pfefferkuchen" gaben. Und in unsere Kultur hat er nicht nur über das „Lebkuchenhäuschen" Einzug gehalten, er prägt zusammen mit den Weihnachtsmärkten das Deutschland-Bild im Ausland wie die Lederhose und Neuschwanstein.

Spitzbuben

Sie brauchen:
Backblech, Ausstecher, Lochtülle

250 g Butter
130 g Puderzucker
320 g Weizenmehl
40 g Vanille-Pud-
dingpulver
1 Ei
1 TL Vanillezucker
Abrieb einer 1/2 un-
behandelten Zitrone
1 Prise Salz
Aprikosenkonfitüre
oder Johannisbeer-
gelee

▓ Butter, Puderzucker, Mehl und Vanille-Puddingpulver, Ei, Vanillezucker, Zitrone und Salz zu einem Mürbteig kneten und mindestens 2 Stunden kühl stellen.

▓ Den Backofen auf 180 °C vorheizen.

▓ Den Mürbteig ca. 3 mm dick ausrollen, mit einer Form ausstechen und auf ein mit Backpapier ausgelegtes Backblech legen.

▓ Bei der Hälfte der Plätzchen mit einer Lochtülle ein Loch in die Mitte stechen. Den dabei erhaltenen Teig kann man natürlich wieder verwenden.

▓ Die Plätzchen bei 180 °C etwa 12 Minuten backen. Auskühlen lassen.

▓ Die Plätzchen mit Aprikosenkonfitüre oder gerührtem Johannisbeergelee bestreichen. Die Plätzchenringe mit Puderzucker bestreuen und auf die Konfitürenplätzchen setzen.

Tipp
Die klassische Spitzbubenform ist eine Kreisform mit gerundeten Zacken (kanneliert) und einem Loch in der Mitte. Sie können jedoch auch andere Formen wie z.B. Stern- oder Herzform verwenden. Dazu sind auch Spezialausstecher erhältlich, die kleine Sterne oder Herzen in der Mitte ausstechen können.

Liebesaugen

Sie brauchen:
Spritzbeutel mit Sterntülle, Backpapier, Backblech

500 g Mandelmürb-
teig (siehe Grundla-
gen Seite 11)

200 g Marzipanroh-
masse
100 g Puderzucker
1 Eiweiß
1 EL Zitronensaft
Johannisgelee zum
Füllen

▓ Den Mandelmürbteig zubereiten und ruhen lassen (siehe Grundlagen Seite 11).

▓ Nach der Ruhezeit den Teig mit einem Rundholz ca. 3 mm dick ausrollen und mit einem runden Ausstecher Kreise im Durchmesser von ca. 3,5 cm ausstechen und auf ein mit Backpapier ausgelegtes Backblech legen.

▓ Den Backofen auf 180 °C vorheizen.

▓ Marzipanrohmasse mit Puderzucker, dem Eiweiß und dem Zitronensaft glatt rühren, in einen Spritzbeutel füllen und mit einer Sterntülle Ringe auf die runden Mürbteigplätzchen spritzen. In den Backofen geben und ca. 10 Minuten backen.

▓ Das Backblech nach 10 Minuten herausnehmen und in die Marzipanringe Johannisgelee einfüllen, wieder in den Ofen geben und weitere 5 Minuten backen. Herausnehmen und abkühlen lassen.

Tipp
Trocken und gut verschlossen lagern.

Register

Wir danken

Für die freundliche Unterstützung
bei der Arbeit an diesem Buch
bedanken wir uns herzlich bei:

Bethel Fath,
Fotografin, München
E-Mail: bethel.fath@gmx.de

Naomi Lawrence,
Künstlerin, München
naomi-lawrence@gmx.net

Bildnachweis

Fotolia
S. 143

Living4media
S. 22

Christine Paxmann
U1, S. 4, 59, 114

Stockfood
S. 44, 57, 65, 71, 75, 79, 133, 157

Alle anderen Fotos: Bethel Fath

Illustrationen: Naomi Lawrence

ISBN 978-3-86362-014-1

Lektorat: Dr. Margit Roth
Layout und Gestaltung: Christine Paxmann text • konzept • grafik, München

Alle Rezepte dieses Buches wurden mit Sorgfalt zusammengestellt und überprüft.
Eine Garantie kann jedoch nicht übernommen werden.

Printed in Italy 2013

Verlagswebsite: www.d-hverlag.de

FSC
www.fsc.org
MIX
Papier aus ver-
antwortungsvollen
Quellen
FSC® C015829